30 Minuten
für erfolgreiche
Kommunikation

Die Deutsche Bibliothek - CIP-Einheitsaufnahme

Tierney, Elizabeth:
30 Minuten für erfolgreiche Kommunikation / Elizabeth Tierney. Aus dem Engl. übers. von Ingrid Proß-Gill. - Offenbach : GABAL, 1998
(30-Minuten-Reihe)
Einheitssacht.: 30 minutes to boost your communication skills <dt.>
ISBN 3-930799-83-9

Aus dem Englischen übersetzt
von Ingrid Proß-Gill, Sankt Augustin

Redaktion: Sandra Klaucke, Frankfurt/Main
Umschlag und Layout:
Vitting & Wagner Kommunikation, Darmstadt
Satz: Borris Balzer, Frankfurt/Main
Titelbild (Fond): Sandra Winter, Darmstadt
Druck und Verarbeitung: rgg Druck, Braunschweig

Printed in Germany

ISBN 3-930799-83-9

In 30 Minuten zu Wissen und Erfolg!

Dieses Buch ist so konzipiert, daß Sie in kurzer Zeit prägnante und fundierte Informationen aufnehmen können. Mit Hilfe eines Leitsystems werden Sie durch das Buch geführt. Es erlaubt Ihnen, innerhalb Ihres persönlichen Zeitkontingents (von 10 bis 30 Minuten) das Wesentliche zu erfassen.
In 30 Minuten können Sie das ganze Buch lesen. Wenn Sie weniger Zeit haben, lesen Sie gezielt nur die Stellen, die für Sie wichtige Informationen beinhalten.

- Alle wichtigen Informationen sind blau gedruckt.

- Schlüsselfragen mit Seitenverweisen zu Beginn eines jeden Kapitels erlauben eine schnelle Orientierung: Sie blättern direkt auf die Seite, die Ihre Wissenslücke schließt.

- *Zahlreiche Zusammenfassungen innerhalb der Kapitel erlauben das schnelle Querlesen. Sie sind blau gedruckt und daher leicht zu finden.*

- ***Die Zusammenfassung am Ende eines Kapitels informiert Sie in Kürze über den Inhalt der vorhergehenden Seiten.***

- Ein Symbol signalisiert zusätzlich, wo wichtige Zusammenfassungen stehen.

- Ein Register erleichtert das Nachschlagen.

Inhalt

Vorwort

Dieses Buch soll Ihnen helfen, erfolgreich zu kommunizieren. Es wendet sich an alle, die das Gefühl haben, sich in diesem Bereich noch verbessern zu können – und wer könnte dies guten Gewissens verneinen? Auf die Bedürfnisse von Berufstätigen, die erkannt haben, wie wichtig die Kommunikation in ihrer Firma ist, wird besonders eingegangen. Immer mehr Leuten wird bewußt, daß man auf den heutigen globalen Märkten nur bestehen kann, wenn man gut zu kommunizieren weiß.

Kommunikation in allen Bereichen
Besonders Geschäftsleute stehen ständig mit anderen Menschen in Interaktion. Sie halten Besprechungen ab, schreiben Briefe, schicken Faxe oder E-Mails. Stellen Sie sich doch einmal die Frage, wie gut Sie selbst kommunizieren. Sind Sie mit Ihren Fähigkeiten auf diesem Gebiet zufrieden? Wenn nicht: Wissen Sie, wieviel Zeit, Energie und Geld Sie aufgrund schlechter Kommunikation verschwenden? Wenn andere Sie nicht verstehen oder mißverstehen, wird Ihnen die beste Planung nicht helfen.

Gute Kommunikation kann man in zahlreichen Rhetorikkursen lernen. Doch nicht alle haben Gelegenheit und Zeit, entsprechende Seminare zu besuchen. Dabei wäre das sehr wichtig, denn viele Probleme, mit denen wir uns im geschäftlichen Bereich konfrontiert sehen, haben ihre Ursache allein in schlechter Kommunikation.

Besser sprechen
Dieses Buch zu lesen wird nicht viel Zeit – nur 30 Minuten – in Anspruch nehmen, dürfte sich langfristig aber entscheidend auf Sie, Ihre Effektivität und letztendlich auch auf Ihre Managementqualitäten auswirken. In den folgenden Kapiteln erfahren Sie, wie der Kommunikationsprozeß funktioniert. Besonderes Augenmerk wird darauf gelegt, worauf der Sender – also Sie – achten muß. Der zentrale Punkt jeder Kommunikation, die Information und ihre Vermittlung, wird ausführlich behandelt.

Mit jedem Kapitel, ja sogar mit jeder einzelnen Seite werden Sie Ihre Kommunikationsfähigkeit verbessern. Viel Erfolg!

1. Der Kommunikationsprozeß

Ist Ihnen bewußt, welche Folgen schlechte Kommunikation nach sich ziehen kann? *Seite 11*

Kennen Sie die sieben Schritte, in die sich jeder Kommunikationsprozeß aufgliedern läßt? *Seite 14*

Wissen Sie, welches die verbreitetsten Störfaktoren jeder Kommunikation sind und wie Sie diese vermeiden können? *Seite 21*

Sind Sie insgeheim der Meinung, daß die Bedeutung von Kommunikation überschätzt wird? Vielleicht glauben Sie, daß Sie und Ihre Kollegen keine Verständigungsprobleme haben. Wenn Sie dieser Überzeugung sind, legen Sie trotzdem nicht sofort dieses Buch aus der Hand, sondern überlegen Sie, ob Sie eine der folgenden Bemerkungen schon einmal so oder in ähnlicher Form gehört haben.

Typische Kommunikationsprobleme

- Herr Schmidt: „Ich wußte nicht, daß ich nicht nur mit den externen Bewerbern sprechen sollte, sondern auch mit den internen!"
- Frau Schneider: „Oh, das tut mir leid. Mir war nicht klar, daß Sie die Unterlagen für Ihre gestrige Besprechung brauchen würden!"
- Herr Maier: „Ich hätte mich ja um die Anordnung der Stühle im Konferenzraum gekümmert, aber niemand hat mir gesagt, daß sie geändert werden sollte!"
- Frau Weber: „Eine interessante Präsentation. Aber worum ging es dabei eigentlich?"

Kommt Ihnen das bekannt vor? Haben Sie selbst manchmal etwas Ähnliches gesagt? Und nun die entscheidende Frage: Sind solche Äußerungen auch schon Ihnen gegenüber gemacht worden? Hoffentlich nicht! Was Sie gerade gelesen haben, sind Beispiele für die Folgen schlechter Kommunikation. Und schlechte Kommunikation wirkt sich immer auf die Geschäfte aus. Analysieren Sie Ihre Äußerungen, überlegen Sie, wann Sie falsch verstanden werden könnten, und arbeiten Sie an Ihren Schwachpunkten.

1.1 Schlechte Kommunikation

Wir wollen uns die oben angeführten Bemerkungen nun genauer ansehen und uns überlegen, wie sie zustande gekommen sein könnten.

- Herr Schmidt ging unvorbereitet in einige Vorstellungsgespräche, weil er nicht wußte, mit welchen Bewerbern er sprechen sollte – schlechte Kommunikation.
- Frau Schneider entschuldigt sich, weil sie wichtige Unterlagen nicht rechtzeitig vorgelegt hat – schlechte Kommunikation.
- Herr Maier muß erklären, warum er nicht getan hat, was man von ihm erwartete – schlechte Kommunikation.
- Frau Weber fand das, was sie gehört hatte, verwirrend – schlechte Kommunikation.

Wie schlechte Kommunikation entsteht

Obwohl es bei diesen Äußerungen um ganz unterschiedliche Themen geht, zieht sich ein roter Faden durch sie hindurch: Sie sind alle Beispiele für schlechte Kommunikation. Natürlich kennen wir die genauen Umstände nicht, doch vermutlich wurden die Aussagen nicht verstanden, weil

- etwas, das jemand hätte sagen müssen, nicht gesagt wurde
- etwas vorausgesetzt wurde, das man nicht einfach hätte voraussetzen dürfen
- etwas unklar war, das jemand hätte klarmachen müssen
- eine klare Struktur in den Aussagen fehlte.

Nehmen wir an, daß Herr Schmidt, Frau Schneider, Herr Maier und Frau Weber in Ihrer Abteilung arbeiten. Welche Folgen könnten diese Mißverständnisse für Sie als Vorgesetzten oder für Ihre Firma haben?

- Einer Ihrer Mitarbeiter ist bei Vorstellungsgesprächen mit internen Bewerbern schlecht umgegangen.
- Eine Ihrer Mitarbeiterinnen hat wichtige Unterlagen, die Sie für eine Besprechung mit einem Kunden gebraucht hätten, nicht rechtzeitig vorgelegt.
- Einer Ihrer Mitarbeiter hat es versäumt, sich um die Anordnung der Möbel im Konferenzraum zu kümmern; deshalb müssen Sie die Tische und Stühle noch in letzter Sekunde umstellen.
- Eine Ihrer Mitarbeiterinnen hat nicht verstanden, worum es bei einem Vortrag ging, den Sie gehalten haben. Der Vortrag hat seine Ziele also nicht erreicht.

Die Folgen schlechter Kommunikation

Die Folgen dieser schlechten Kommunikation können sehr schwerwiegend sein. Nehmen wir an, all diese Beispiele wären innerhalb von zwei bis drei Tagen vorgekommen – welchen Preis hätten Sie oder Ihre Firma dafür bezahlen müssen?

- Zeitverlust
- sinkendes Ansehen
- geschäftliche Verluste
- weniger Einnahmen
- sinkende Glaubwürdigkeit
- Zerstörung von Beziehungen
- Verluste bei der Belegschaft
- Vertrauensverlust
- Absprung eines Kunden.

Diese schwerwiegenden Auswirkungen lassen sich leicht vermeiden, wenn man der Kommunikation etwas mehr Beachtung schenkt und seine Worte sorgfältig wählt.

Schlechte Kommunikation, die oft nur entsteht, weil man auf die Gesprächssituation oder seinen Gesprächspartner nicht eingeht, kann weitreichende Folgen haben – bis hin zu finanziellen Einbußen. Es lohnt sich daher, dem Kommunikationsprozeß Aufmerksamkeit zu schenken.

1.2 Gute Kommunikation

Gehen wir nun einmal davon aus, daß die Kommunikation in den oben genannten Situationen funktioniert hat: Herr Schmidt hat mit allen geeigneten Bewerbern gesprochen; Frau Schneider hat die erforderlichen Unterlagen rechtzeitig vorgelegt; Herr Maier hat die Möbel in der gewünschten Weise umgestellt; und Frau Weber hat verstanden, worum es bei dem Vortrag ging, wozu er gehalten wurde.

Gelungene Kommunikation erhöht nicht nur die Zufriedenheit der einzelnen Mitarbeiter, sondern hat auch für ein Unternehmen entscheidende Vorteile:

- Die Mitarbeiter sind zufrieden.
- Sie erledigen ihre Aufgaben gut.
- Sie arbeiten zusammen.
- Sie sind motiviert.
- Sie verstehen, worum es geht.

- Sie sparen sich und den anderen Zeit.
- Sie haben das Gefühl, ernst genommen zu werden.
- Sie übernehmen Verantwortung.
- Sie informieren sich gegenseitig.
- Sie respektieren Sie, vertrauen Ihnen und mögen Sie.
- Sie hören gut zu.

Erkennen Sie, welche Vorteile gute Kommunikation bringt? Man kann es auf eine einfache Formel bringen: Schlechte Kommunikation führt zu negativen Ergebnissen, gute Kommunikation hat dagegen positive Auswirkungen.

Gelungene Kommunikation motiviert

Für alle, die im Berufsleben stehen, ist Kommunikation besonders wichtig – und je höher Sie auf der Karriereleiter stehen, um so effektiver müssen Sie kommunizieren können. Sie müssen mit treffenden Worten in kurzer Zeit Ihre Argumente überzeugend vermitteln.
Wenn Sie sich bewußt machen, wie wichtig die Fähigkeit zu guter Kommunikation ist, können Sie

- andere motivieren und überzeugen
- sich selbst und anderen Zeit sparen
- ein Teamgefühl schaffen
- Ihre Professionalität unter Beweis stellen
- Beziehungen aufbauen und pflegen, und zwar sowohl innerhalb wie auch außerhalb Ihrer Firma
- sich als glaub- und vertrauenswürdig erweisen
- andere dazu bringen, Sie zu mögen
- anderen das Gefühl geben, von Ihnen ernst genommen zu werden
- sich Gehör verschaffen.

Gute Kommunikation bewirkt nicht nur, daß das alltägliche Zusammenleben besser funktioniert und Aufgaben schneller ausgeführt werden, sondern sie steigert zusätzlich die Zufriedenheit und Motivation aller Mitarbeiter. Wer auf gute und verständliche Weise informiert wird, übernimmt gerne Verantwortung und bringt seine volle Arbeitskraft ein.

1.3 Das Kommunikationsmodell

Kommunikation ist ein komplizierter Prozeß. Wenn Sie sich die einzelnen Schritte ansehen, werden Sie besser verstehen, wie und weshalb schlechte Kommunikation entsteht. Mit diesem Wissen können Sie auch schwierige Kommunikationssituationen meistern.

Botschaft, Sender und Empfänger

In jeder Kommunikation findet man zumindest die folgenden drei Elemente: Sender, Botschaft, Empfänger. In einem erweiterten Modell wird zusätzlich der Kommunikationskanal, das Medium, betrachtet – also der Weg, auf dem die Botschaft vom Sender zum Empfänger gelangt (vgl. auch Seite 16).

- Die Botschaft ist das, was man mitteilen möchte – eine Idee, ein Gedanke oder ein Gefühl.
- Der Sender ist derjenige, der die Botschaft mitteilt.
- Der Empfänger ist derjenige, für den die Kommunikation bestimmt ist. Dabei kann es sich natürlich auch um mehrere Personen handeln.

Einfaches Modell des Kommunikationsprozesses

Wir wollen nun davon ausgehen, daß Sie der Sender sind, und uns die sieben Schritte, in die man den Kommunikationsprozeß aufgliedern kann, näher ansehen.

1. Schritt: Formulierung der Botschaft

Sie möchten jemandem eine Idee, einen Gedanken oder ein Gefühl mitteilen. Das ist Ihre Botschaft. Es kann sich dabei um eine Begrüßung wie ein schlichtes „Guten Tag“ handeln, aber auch um so komplizierte Dinge wie wissenschaftliche Analysen oder politische Reden.

Beispiele für einfache Botschaften wären die Aufforderung an Herrn Bauer, Sie anzurufen, oder die Bitte an Frau Reiter, Sie zu einer Konferenz zu begleiten. Einen Kunden davon zu überzeugen, daß ein bestimmtes Produkt das Leben besser oder einfacher machen wird, oder Ihrem Chef innovative Ideen zu unterbreiten wären hingegen kompliziertere Botschaften.

2. Schritt: Worte, Gesten oder Bilder?

Sie wissen nun, welche Botschaft Sie übermitteln wollen. Als nächstes müssen Sie sich überlegen, wie Sie diese am besten verpacken können. In Worte? Oder würden

Ihre Ideen eher ankommen, wenn Sie sich vor allem auf Gesten stützen? Vielleicht wäre es aber auch noch besser, ein Bild, eine Karte oder ein Diagramm anzufertigen? Wenn Sie beispielsweise Herrn Bauer dazu bringen möchten, Sie anzurufen, könnten Sie

- ihm sagen, daß Sie gern mit ihm sprechen würden
- ihm ein entsprechendes Handzeichen geben
- telefonierende Strichmännchen malen und ihm diese Zeichnung geben.

Die gleichen Möglichkeiten stehen Ihnen natürlich auch offen, um Frau Reiter wissen zu lassen, daß sie Sie zu der Konferenz begleiten soll, oder um Ihrem Chef innovative Ideen zu unterbreiten. Sie als Sender wählen die beste Methode für die Kommunikation Ihrer Botschaft.

Nachdem Sie entschieden haben, ob Sie mit Worten, Gesten oder Bildern kommunizieren wollen, müssen Sie sich noch überlegen, welche Worte, Gesten oder Bilder Sie benutzen und welche Sprache Sie dabei verwenden wollen.

3. Schritt: Übermittlung der Botschaft

Um Ihre Nachricht an den Empfänger zu bringen, können Sie ebenfalls verschiedene Wege beschreiten. Nehmen wir an, daß Sie für Ihre Botschaft an Herrn Bauer Worte gewählt haben. Wie könnten Sie ihm diese Worte dann übermitteln? Sie könnten

- ihm in einem Gespräch sagen, was Sie sich überlegt haben
- eine Notiz schreiben, die Sie ihm auf den Schreibtisch legen

- einen Kollegen bitten, Ihre Botschaft an ihn weiterzugeben
- Ihre Botschaft auf Herrn Bauers Anrufbeantworter sprechen
- ihm die Botschaft als E-Mail oder Fax schicken.

4. Schritt: Empfang der Botschaft

Bis zu diesem Punkt sind alle Entscheidungen von Ihnen, dem Sender, getroffen worden. Nachdem Sie Ihre Botschaft übermittelt haben, geht die Steuerung des Kommunikationsprozesses jedoch an den oder die Empfänger über.

Herr Bauer kann nur erfahren, daß er Sie anrufen soll, wenn er Ihre Botschaft bekommt. Damit Frau Reiter erfährt, daß sie Sie zu der Konferenz begleiten soll, muß Ihre Botschaft genau sie erreichen. Entsprechendes gilt für die Verbraucher, die Ihr Produkt ausprobieren sollen, oder für Ihren Chef, wenn Sie ihm Verbesserungsvorschläge unterbreiten wollen.

Die erste Hürde der Kommunikation ist genommen, wenn der Sender eine Botschaft formuliert, diese mittels Worten, Gesten oder Bildern übermittelt und wenn schließlich diese Botschaft beim richtigen Empfänger angekommen ist.

5. Schritt: Deutung der Botschaft

Es ist ein guter Tag – Herr Bauer, Frau Reiter, die Verbraucher und Ihr Chef haben die jeweils für sie bestimmten Botschaften tatsächlich empfangen! Nun müssen Sie darauf hoffen, daß die Botschaft richtig gedeutet wird und der Empfänger somit weiß, wie sie von Ihnen gemeint war. Sender und Empfänger müssen also über ein gemeinsames Kodierungssystem verfügen. Das heißt:

- Falls Sie eine Notiz geschrieben haben, muß der Empfänger diese Zeilen lesen können.
- Falls Sie persönlich mit dem Empfänger gesprochen haben, muß er die verwendeten Laute deuten.
- Falls Sie eine Kampagne für Zeitungsanzeigen entworfen haben, muß der Empfänger die Schrift und die Bildelemente richtig deuten.
- Falls Sie sich für Gesten entschieden haben, muß der Empfänger Ihre Bewegungen richtig deuten.

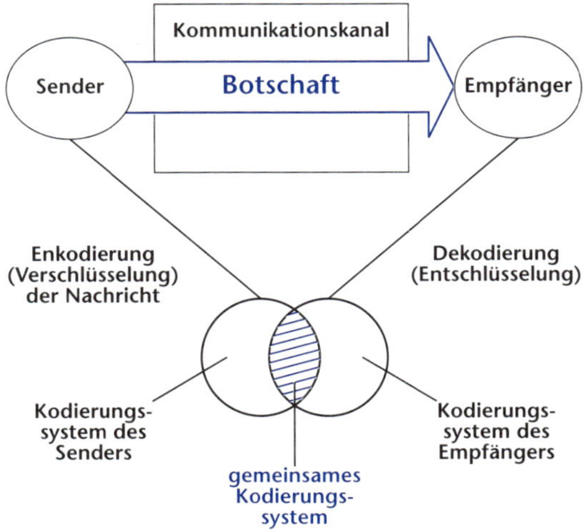

Erweitertes Modell des Kommunikationsprozesses

6. Schritt: Reaktion auf die Botschaft
Nachdem der Empfänger Ihre Nachricht empfangen und gedeutet hat, entscheidet er, ob die Kommunikation fortgeführt wird. Sie selbst können an diesem Punkt nur hoffen, daß Sie die richtige Entscheidung bezüglich Formulierung der Botschaft und Kommunikationskanal getroffen haben. Sie müssen zunächst abwarten, ob die Empfänger das tun werden, was Sie wollen.

Was wird mit der Botschaft an Ihren Chef passieren? Wird er sie irgendwo ablegen, sie ganz unten im Posteingangskorb vergraben, oder wird sie gleich im Papierkorb landen? Wird Ihr Chef Sie zu einem Gespräch in sein Büro rufen lassen? Wird er Ihnen eine Rüge verpassen, weil Sie Ihre Kompetenzen überschritten haben, oder wird er Sie für Ihre Initiative loben?

7. Schritt: Das Feedback
Das Feedback ist sehr wichtig, weil Sie dadurch erfahren, wie Ihre Botschaft empfangen und gedeutet wurde. Sie bekommen Rückmeldung, ob Sie erfolgreich kommuniziert haben oder ob Ihre Botschaft nicht richtig verstanden wurde.

Welches Feedback könnten Sie auf Ihre Botschaften bekommen?
- Herr Bauer könnte Sie zurückrufen, aber auch nichts von sich hören lassen.
- Frau Reiter könnte Ihnen versichern, daß sie Sie auf die Konferenz begleiten wird, oder sich sträuben.
- Ihr Chef könnte mit Ihnen über Ihre Ideen sprechen oder auch nicht.

- Die Verbraucher könnten Ihr Produkt kaufen oder es links liegen lassen; es wäre auch möglich, daß Sie bei diesem Punkt gar kein Feedback bekommen.

Ein neuer Kommunikationsprozeß
Wenn Sie ein Feedback bekommen, sind Sie nicht mehr der Sender, sondern empfangen selbst eine Botschaft. Der Kommunikationsprozeß beginnt also wieder von vorn: Jemand hat eine Botschaft, die er Ihnen senden möchte und auf die Sie dann reagieren können – oder auch nicht.

Wenn Sie Ihre Kommunikationsfähigkeit verbessern wollen, müssen Sie verstehen, wie der Kommunikationsprozeß abläuft. Nachdem der Empfänger Ihre Botschaft erhalten hat, wird er sie deuten und in irgendeiner Weise auf sie reagieren. Vielleicht antwortet er Ihnen – dann beginnt ein neuer Kommunikationsprozeß –, oder er beschäftigt sich nicht weiter mit Ihrer Nachricht.

1.4 Kommunikationsstörungen

In diesem Kapitel wollen wir uns überlegen, wieso der Kommunikationsprozeß manchmal zusammenbricht oder blockiert ist. Im folgenden werden wir auf die wichtigsten Störfaktoren eingehen.

Unzureichende Botschaft
Oft ist die Botschaft unvollständig. Wenn der Sender nicht gründlich genug über die Ideen nachdenkt, die er

anderen mitteilen will, bleiben sie konturlos oder verwirrend. Dann fragen sich Empfänger wie Frau Weber, worum es bei einer Präsentation eigentlich ging. Botschaften, die nicht ausreichend durchdacht wurden, können zu wenig aussagekräftigen oder unklaren Memos, Berichten, E-Mails, Faxen, Gesprächen, Anzeigen, Jahresberichten oder auch Vorträgen führen. Sie verhindern eine erfolgreiche Kommunikation. Die Formulierung der Nachricht ist daher die zentrale Aufgabe. Es lohnt sich, etwas mehr Zeit anzusetzen, denn Sie sparen sich dadurch die Mühe, später auftretende Mißverständnisse aus dem Weg zu räumen.

Wahl ungeeigneter Worte, Gesten oder Bilder
Kommunikation wird erschwert, wenn nicht die richtigen Mittel des Ausdrucks gewählt werden. Dies ist z. B. der Fall, wenn der Sender versucht, ein Gebäude mit Worten zu beschreiben, obwohl ein Bild oder eine Bauzeichnung viel nützlicher wäre. Er kann sich auch dafür entscheiden, Ihnen anhand einer Zeichnung zu erklären, wie man Auto fährt, obwohl die entsprechende Demonstration viel einprägsamer wäre.

Es kommt natürlich auch vor, daß der Sender zwar bei der Wahl zwischen Worten, Gesten oder Bildern die grundsätzlich richtige Entscheidung trifft, dann aber die falschen Worte, Gesten oder Bilder gebraucht. So haben die einzelnen Regionen eines Landes ihre eigenen Ausdrücke, die Menschen von außerhalb vielleicht gar nicht verstehen. Die Kommunikation kann also auch dadurch gestört werden, daß der Sender die falschen Worte, Gesten oder Bilder benutzt.

Störungen bei der Übermittlung der Botschaft

Auch wenn die Botschaft gut durchdacht ist und der Sender geeignete Worte, Gesten oder Bilder gewählt hat, können bei der Übermittlung Probleme auftreten. Dazu gehören eigentlich so banale Dinge wie:

- Im Faxgerät ist nicht genug Papier.
- Ein Brief wird auf den falschen Schreibtisch gelegt.
- Jemand vergißt, einen Anruf auszurichten.
- Das Computersystem ist zusammengebrochen.
- Ihr Anrufbeantworter ist voll oder abgestellt.
- Sie verstehen den anderen schlecht, weil es in Ihrer Umgebung so laut ist.

Stellen Sie daher sicher, daß Ihre Nachricht auch tatsächlich angekommen ist. Verlassen Sie sich nicht darauf, daß „schon alles funktionieren wird".

Kommunikation wird häufig durch Banalitäten, die sich leicht vermeiden ließen, gestört: Die Botschaft wird oft unvollständig formuliert, oder sie wird in die falschen Worte oder Bilder übersetzt. Auch die Übermittlung der Nachricht funktioniert häufig nicht.

Ungeeigneter Kommunikationskanal

Die Kommunikation kann aber auch dadurch gestört werden, daß der Sender sich für eine ungeeignete Übermittlungsmethode entscheidet. Vielleicht schickt er einen Brief, während ein Fax klüger gewesen wäre, oder ein Fax, wo eine E-Mail angebracht gewesen wäre. Unter bestimmten Umständen kann man durch einen Bericht, der nur aus einer einzigen Seite besteht, viel mehr bewegen als durch ein persönliches Gespräch oder ein 30 Seiten langes Dokument.

Störungen beim Empfang der Botschaft

Manchmal kommt die Botschaft ganz einfach nicht beim Empfänger an. Erinnern Sie sich noch an Herrn Schmidt, Herrn Maier und ihre Kolleginnen (vgl. Seite 9)? Folgende Gründe sind häufig für einen gestörten Empfang der Nachricht verantwortlich:

- Vielleicht hat Herr Schmidt, weil er so in Gedanken war, gar nicht gehört, daß er auch mit den internen Bewerbern sprechen sollte.
- Herrn Maier könnte Ihre Botschaft zur Umgruppierung der Möbel im Konferenzraum nicht erreicht haben.
- Frau Schneider könnte ein sehr langes Memo nur überflogen haben, wobei ihr der Teil entging, in dem Sie darauf hinwiesen, daß Sie die Unterlagen für die Besprechung mit dem Kunden brauchten.
- Möglicherweise hat Frau Weber die Präsentation nicht verstanden, weil sie nicht gut durchdacht war oder weil Sie Ihre Gedanken schlecht vortrugen. Vielleicht waren ihr auch die verwendeten Fachausdrücke fremd, oder sie konnte die komplizierten Zeichnungen nicht deuten ...

Häufige Gründe

Natürlich könnten unsere Botschaften die Empfänger auch deshalb nicht erreicht haben, weil sie mit anderen Dingen beschäftigt waren; sie könnten sich beispielsweise auf andere – berufliche oder auch private – Angelegenheiten konzentriert haben, sich über irgend etwas Sorgen gemacht haben oder in Gedanken versunken gewesen sein. Wir alle wissen, wie sehr Streß unsere Denkprozesse beeinträchtigt. Termine, unbezahlte

Rechnungen, familiäre Probleme, anstehende Besprechungen oder wichtige Feiertage können Streß erzeugen und dadurch die Kommunikation blockieren.

Falsche Deutung der Botschaft
Das Verständnis wird erschwert oder sogar unmöglich gemacht, wenn Sender und Empfänger im wahrsten Sinne des Wortes nicht die gleiche Sprache sprechen. Wenn Sie beispielsweise die Sprache des Marketings gegenüber einer Gruppe von Leuten benutzen, die nicht in diesem Bereich arbeiten, werden manche oder gar viele von ihnen Begriffe wie Marktanalyse oder Productplacement nicht verstehen. Entsprechendes gilt, wenn Sie auf Finanzspezialisten technische Fachausdrücke niederprasseln lassen. Ihre Zuhörer oder Gesprächspartner könnten Ihre Botschaft dann leicht falsch deuten oder sie gar nicht richtig aufnehmen. Es ist daher wichtig, daß Sender und Empfänger in einem Kommunikationsprozeß über ein gemeinsames Kodierungssystem verfügen (vgl. Seite 18).

Zwischenmenschliches
Auch persönliche Faktoren können eine Rolle spielen. Vielleicht war Ihre Botschaft bestens durchdacht, Frau Weber hat den Sinn Ihrer Präsentation aber einfach deshalb nicht erfaßt, weil sie eine persönliche Abneigung gegen Sie hat; möglicherweise ist sie mit einer negativen Erwartung in die Präsentation gegangen; oder sie hegt einen alten Groll gegen Sie, weil Sie ihr einmal eine Bitte abgeschlagen haben. Die Kommunikation kann also auch durch das begrenzte Wissen oder die Einstellung des Empfängers blockiert werden.

Kommunikation ist ein empfindlicher Prozeß.
Die Übermittlung einer Botschaft vom Sender zum Empfänger kann durch viele Faktoren behindert werden und führt so zu schlechter Kommunikation.

- *Kommunikationsstörungen können z.B. durch eine unklare Mitteilung, fehlerhafte Übermittlung oder unzureichenden Empfang entstehen.*
- *Sie sollten daher jeden Kommunikationsprozeß gedanklich in seine einzelnen Schritte aufgliedern und darauf achten, daß Sie in jeder Phase sorgfältig agieren.*

2. Die Botschaft übermitteln

Können Sie Ihre Botschaft so präzisieren, daß der Empfänger genau weiß, worüber Sie sprechen bzw. schreiben? *Seite 31*

Kennen Sie die Empfänger Ihrer Nachricht – ihre Eigenheiten, Erwartungen und Bedürfnisse? *Seite 34*

Wissen Sie, wie Sie den richtigen Kommunikationskanal wählen? *Seite 38*

Gehen Sie Ihre Kommunikationssituation in Gedanken durch: Gibt es typische Situationen, in denen immer wieder ähnliche Probleme auftauchen – Situationen, in denen Sie nicht verstanden werden?

Natürlich läßt sich nicht alles planen, Sie können nicht jede Kommunikation in Gedanken vorher durchspielen. Manchmal berufen wir spontan eine Besprechung ein oder gehen selbst zu einem kurzfristig angesetzten Meeting, unterhalten uns ganz ungezwungen oder tragen aus dem Stegreif etwas vor. In den meisten Fällen können wir uns aber doch vorher überlegen, wie wir vorgehen wollen, und dann ist eine gute Vorbereitung entscheidend.

Erinnern Sie sich an frühere Situationen: Traten unter bestimmten Umständen immer wieder Kommunikationsprobleme auf? Gibt es ähnliche Muster, die Mißverständnisse nach sich ziehen? Was können Sie tun, um sie zu verhindern?

2.1 Die Vorbereitung

Denken Sie erst einmal gründlich über die Kommunikationssituation nach, bevor Sie zu sprechen beginnen. Es dürfte für Sie ganz selbstverständlich sein, Reisen, Besprechungen und andere Termine in Ihren Kalender einzutragen. Reservieren Sie daher auch Zeit, um schwierigere Kommunikationsprozesse vorzubereiten. Sorgen Sie dafür, daß Sie dabei nicht gestört werden – keine Anrufe, keine Besucher!

Es kommt viel zu oft vor, daß wir grobe Entwürfe als endgültige Fassung präsentieren oder ohne vorherige Planung Besprechungen durchführen. Es ist daher nicht verwunderlich, wenn in diesen Fällen unsere Botschaft nicht richtig ankommt. Versuchen Sie, diese improvisierte Form der Kommunikation zu vermeiden – nehmen Sie sich Zeit für Ihre Vorbereitung!

Die Kommunikationssituation definieren

Analysieren Sie die Situation, in der die Kommunikation stattfinden wird. Handelt es sich um ein Vorstellungsgespräch? Eine Besprechung mit einem neuen Kunden? Werden Sie mit einem schwierigen oder verärgerten Kunden sprechen? Oder mit einem unzufriedenen Mitarbeiter? Schreiben Sie ein Memo oder einen Bericht, oder laden Sie zu einer Besprechung ein? Müssen Sie einen Vortrag halten, Fragen beantworten, auf einer Tagung sprechen?
Überlegen Sie, wer die Empfänger Ihrer Botschaft sind, welche Vorkenntnisse sie haben, was sie erwarten etc. Gehen Sie dabei nach der bewährten Fragemethode vor: Wer? Was? Warum? Wann? Wo? Wie? Wenn Sie sich rechtzeitig mit diesen Fragen beschäftigen, können Sie typische Kommunikationsprobleme im Vorfeld ausräumen, da Sie die Bedürfnisse Ihrer Zuhörer kennen. Sie können Ihre Aussagen entsprechend formulieren.

Ideen entwickeln

Gehen Sie zur konkreten Planung über, und entscheiden Sie sich, welche Botschaft(en) Sie senden und wie Sie das tun wollen. Umreißen Sie Ihre Gedanken, und setzen Sie dabei Prioritäten.

Formulieren Sie Ihre Worte mit Bedacht und unter Berücksichtigung des Mediums, über das Sie kommunizieren möchten. Planen Sie genügend Zeit dafür ein. Wer sich die ganze Nacht um die Ohren schlägt, um am nächsten Tag einen Abschlußbericht vorlegen zu können, wird seine Botschaft höchstwahrscheinlich nicht optimal vermitteln. Gute Kommunikation bedeutet vielmehr, seine Gedanken in Ruhe zu entwickeln und sich auch die Zeit zu nehmen, sie einer kritischen Prüfung zu unterziehen, bevor man die endgültige Fassung präsentiert bzw. aus der Hand gibt.

Üben und überprüfen

Müssen Sie einen Vortrag oder eine Präsentation halten oder bei einer Besprechung über die Fortschritte informieren? Immer wenn Sie vor Leuten sprechen werden, sollten Sie Ihren Text vorher mindestens einmal laut vorsprechen. Wenn Sie schriftlich kommunizieren, sollten Sie ebenfalls noch einmal prüfen. Lesen Sie Ihre Ausführungen durch – geben die von Ihnen gewählten Worte das, was Sie mitteilen wollen, verständlich und zutreffend wieder? Überprüfen Sie außerdem, ob die Bilder, Zeichnungen oder Tabellen, die Sie vorbereitet haben, informativ und eindeutig sind.

Viel zu oft wird etwas, das eigentlich nur ein Entwurf ist, als endgültige Fassung vorgelegt, viel zu oft werden Vorträge nicht ausreichend geprobt. Nehmen Sie sich Zeit: um nachzudenken, um sich Fragen zu stellen und zu planen, um Ihre Ideen zu entwickeln, Ihren Vortrag zu üben, Ihre schriftliche Kommunikation zu überarbeiten und die Abbildungen zu überprüfen.

2.2 Die Botschaft

Die Entscheidung, welchen konkreten Inhalt Ihre Botschaft hat und was Sie mit ihr genau bezwecken, ist der zentrale und zugleich auch schwierigste Aspekt der Kommunikation. Oft wenden wir zuwenig Zeit für die Vorbereitung auf, so daß unsere Botschaften nicht präzise genug sind. Wir laufen damit Gefahr, Botschaften zu senden, die zuviel oder nicht genug aussagen, indem wir z.B. abschweifen oder auf Konzepte eingehen, die vom eigentlichen Kommunikationsziel ablenken. Ergebnis sind oft Botschaften, die der Empfänger nur ungern aufnimmt, weil sie kompliziert und ohne Fokussierung sind.

Warum kommunizieren Sie?

Denken Sie einmal an einen typischen Vormittag im Büro. Aus welchen Gründen möchten Sie Ihren Kollegen Ihre Gedanken oder Gefühle mitteilen? Um sie zu informieren? Um sie zu überzeugen, zu unterhalten oder zu motivieren? Um etwas zu verkaufen oder etwas abzustreiten? Oder um gute Neuigkeiten zu verbreiten, schlechte Nachrichten mitzuteilen? Um die Angesprochenen von etwas abzubringen, sie zu entmutigen? Oder aus anderen Gründen? Überlegen Sie, was der Zweck Ihrer Kommunikation ist.

Auch wenn wir unterschiedliche Worte dafür benutzen, geht es meist darum, andere zu etwas zu überreden. So ist z. B. auch die Motivierung der Mitarbeiter eine Form der Überredung. Das gleiche gilt für Bemerkungen wie die folgenden:

- „Wir sind eine Firma, für die man gerne arbeitet!"
- „Ich bin der ideale Kandidat!"
- „Es könnte leichter sein, wenn wir so vorgehen."
- „Diese Methode könnte funktionieren."
- „Dieses System trägt nichts zur Lösung des Problems bei."
- „Sie sollten Ihre Vorgehensweise ändern!"

Die Botschaft präzisieren
Anhand eines Beispiels möchte ich Ihnen ein einfaches, schnelles Verfahren zur Präzisierung Ihrer Botschaft an die Hand geben.
Nehmen wir an, daß das Grundthema Ihrer Botschaft lautet: „Das Vorgehen bei einer Personalfrage".

- Um dieses Thema zu präzisieren, müssen Sie sich zunächst fragen: Welche Personalfrage? Ganz allgemein alle? In unserem Land? Auf der ganzen Welt? Hat sie etwas mit unserer Firma zu tun? Mit unserer Abteilung? Ist sie aktuell, oder reicht sie schon 20 Jahre zurück? Falls Sie nicht generell über das Vorgehen bei einer Personalfrage sprechen wollen, müssen Sie Ihre Botschaft weiter eingrenzen: „Wie unsere Firma bei einer Personalfrage vorgeht".
- Überlegen Sie weiter: Gibt es in Ihrer Firma denn nicht mehrere verschiedene Vorgehensweisen bei Personalfragen? Falls Sie das bejahen, können Sie Ihr Thema noch weiter einengen: „Wie unsere Firma bei Leistungsbeurteilungen vorgeht".
- Das ist aber immer noch nicht die endgültige Fassung Ihres Themas. Handelt es sich um eine neue Vorgehensweise oder um eine bereits praktizierte? Formu-

lieren Sie Ihr Thema entsprechend: „Die gegenwärtige Vorgehensweise unserer Firma bei Leistungsbeurteilungen“.
- Doch wollen Sie wirklich über die Vorgehensweise selbst sprechen – oder vielleicht eher über das dabei verwendete Formular oder über die Tatsache, daß eine bestimmte Methode benutzt wird? Grenzen Sie Ihr Thema dementsprechend ein: „Das gegenwärtig in unserer Firma zur Leistungsbeurteilung verwendete Formular“.
- Mit welchem Aspekt dieses Formulars wollen Sie sich beschäftigen? Wurde es geändert? Sind die Änderungen von Bedeutung? Sind die Gründe für diese Änderungen wichtig? Wird das Formular zur Zeit benutzt, wird es überprüft oder getestet? Soll es durch ein anderes ersetzt werden? Je nachdem, wie Ihre Antworten ausfallen, können Sie Ihre Botschaft weiter präzisieren: „Gründe für die Änderungen am gegenwärtig in unserer Firma zur Leistungsbeurteilung verwendeten Formular“.

Wir könnten natürlich noch lange so weitermachen, wollen es nun aber genug sein lassen. Vielleicht würden Sie sich letztendlich dafür entscheiden, darüber zu diskutieren, wie lange es dauern wird, bis ein neues Formular eingesetzt werden kann. Sie könnten aber auch beschließen, ein Memo zu schreiben, in dem Sie darlegen, wie wichtig es ist, bestimmte sprachliche Aspekte dieses Formulars zu erläutern oder die Belegschaft über die Folgen dieser Änderungen aufzuklären ... Der entscheidende Punkt ist, daß Sie Ihre Gedanken geklärt haben – Sie haben das Thema präzisiert.

Entscheidend für eine gute Kommunikation ist die Botschaft – die Ideen, die Sie dem Empfänger mitteilen wollen. Versuchen Sie, Ihre Botschaft so präzise und detailliert wie möglich zu formulieren.

Der Zweck Ihrer Botschaft

Haben Sie sich schon einmal gefragt, warum Sie Ihre Mitteilung formulieren? Möchten Sie beispielsweise etwas zu den Gründen für die Änderung des Formulars sagen? Warum ist das, was Sie dazu sagen wollen, für Ihre Zuhörer wichtig?

Sie können sich über den Zweck Ihrer Botschaft klarwerden, indem Sie sich wieder entsprechende Fragen stellen: „Was soll das?“, „Warum müssen meine Zuhörer das wissen?“, „Inwiefern ist meine Botschaft wichtig für sie?“ Mit anderen Worten: Welchen Sinn hat es, daß Sie Ihren Zuhörern Ihre Botschaft mitteilen?

Das Ziel formulieren

Ja, auf diesem Punkt reite ich wirklich herum. Denken Sie aber an all die Memos und Berichte, die Sie selbst gelesen haben und dann noch einmal lesen mußten. Denken Sie an die Vorträge, die Sie gehört haben, an die Besprechungen, an denen Sie teilgenommen haben. Wieviel Zeit wurde da vergeudet, weil das, was Sie zu hören oder zu sehen bekamen, verwirrend und noch dazu für Sie irrelevant war! Oft glauben wir, unsere Ideen gründlich durchdacht zu haben, irren uns da aber. Kommen wir auf das oben angeführte Beispiel zurück: Zu Beginn wußten wir nur, daß wir über „Das Vorgehen bei einer Personalfrage“ sprechen wollten. Wenn wir unsere Gedanken nicht präzisiert hätten, wäre es gut möglich gewesen, daß wir zunächst ganz allgemein über Vorgehensweisen bei Personalfragen gesprochen und uns unserem eigentlichen Thema nur langsam genähert hätten. Inzwischen hätten sich manche Zuhörer wahrscheinlich gedanklich schon ausgeklinkt.

Zusätzliche Informationen beschaffen
In einigen Fällen werden Sie sich an andere wenden müssen, um den Zweck Ihrer Botschaft herausarbeiten zu können. Das ist besonders wichtig, wenn Ihnen eine Aufgabe übertragen wurde. Falls Ihr Chef Sie z. B. bittet, für eine Besprechung einen Bericht anzufertigen, könnte es gut sein, daß Sie ihm einige Fragen stellen müssen. Seine Antworten werden Ihnen zeigen, welche Punkte in den Bericht aufgenommen oder gar hervorgehoben werden sollten und welche nicht.

Um Ihre Botschaft präzise zu formulieren, sollten Sie sie möglichst stark vereinfachen. Bringen Sie auf den Punkt, was Sie sagen möchten. Wenden Sie sich auch an andere, wenn Ihnen Informationen fehlen.

2.3 Die Bedürfnisse der Empfänger

Es kostet Sie nur wenige Minuten, um sich über die Empfänger Ihrer Botschaft zu informieren. Ihr Ziel muß es sein, möglichst viel über diejenigen herauszufinden, mit denen Sie bei einer Besprechung, einem Vorstellungsgespräch, am Telefon, per Fax, bei einer Tagung (oder sogar beim Warten im Konferenzzimmer) interagieren werden.

Warum das so wichtig ist? Nun, wenn Sie genug über die Empfänger Ihrer Botschaft wissen, können Sie Ihre Gedankengänge auf sie zuschneiden. Je mehr Sie über Ihre Zuhörer wissen, desto größer ist die Chance, daß Ihre Botschaft so empfangen wird, wie sie gemeint ist.

Wie viele Empfänger sind es?

Ist Ihre Botschaft an eine einzige Person gerichtet? Oder werden Sie an einer Konferenz mit zwei oder mehr Leuten teilnehmen? Werden Sie vor zehn Zuhörern sprechen, die an einem Konferenztisch sitzen, vor 20 bei einer Abteilungsbesprechung oder vor 350 bei einer Jahreshauptversammlung? Wie viele Leute werden Ihren Bericht oder Ihr Memo lesen?

Die Antworten werden Ihnen helfen, das Ausmaß der Interaktion abzuschätzen und zu überlegen, wie formell die Kommunikationssituation sein wird. Die Anzahl der Empfänger kann auch im Hinblick auf die Länge Ihres Vortrags oder der Besprechung, auf den Umfang Ihres Berichts oder auf die Informationen, die Sie in Ihre Botschaft aufnehmen, wichtig sein.

Wer wird noch von Ihrer Botschaft erfahren?

Wer – außer Ihrem Zielpublikum – könnte noch erfahren, was Sie mitgeteilt haben? Wird das, was Sie gesagt haben, allgemein bekanntgemacht, wird eine Kopie Ihres Berichts auf dem Schreibtisch des Abteilungsleiters oder eines Kunden landen? Diesen Aspekt müssen Sie vor allem bei Ihren Überlegungen, über welche vertraulichen Informationen Sie sprechen und welche Punkte Sie hervorheben beziehungsweise herunterspielen wollen, berücksichtigen.

Wer sind Ihre Zuhörer?
Wie heißen sie? Welchen Rang haben sie? Wie sehen ihre Aufgaben aus, zu welchen Abteilungen gehören sie, worauf haben sie sich spezialisiert? Sind sie Gewerkschaftsvertreter, Kunden, Vorstandsmitglieder, Wirtschaftsprüfer, Konkurrenten, Kollegen, Anwälte oder Bankleute? Werden Sie mit einem Produktmanager oder einem Gewerkschaftsvertreter über Marketingprobleme sprechen?

Diese Informationen geben Ihnen Aufschluß über den Kenntnisstand, den Sie voraussetzen können. Schließlich wollen Sie niemandem etwas erzählen, was er schon weiß, dürfen es aber auch nicht versäumen, jemandem etwas mitzuteilen, was er wissen muß.

Die Beziehung zwischen Ihnen und den Zuhörern
Kennen Sie Ihre Zuhörer schon? Oder sind sie Fremde, die nicht mit Ihrer Firma vertraut sind? Möchten Sie gern eine langfristige Beziehung zu ihnen aufbauen? Handelt es sich um ein Verhältnis Vorgesetzter/Untergebener? Ist die Beziehung bereits belastet, weil es zwischen Ihnen und Ihren Zuhörern in der Vergangenheit Probleme gegeben hat? Handelt es sich um einen schwierigen Mitarbeiter oder einen unzufriedenen Kunden? Werden Ihre Zuhörer aufgeschlossen sein und Ihnen bereitwillig folgen?
Die Antworten auf diese Fragen könnten wieder im Hinblick auf den Inhalt Ihrer Botschaft wichtig sein, aber auch Auswirkungen auf Ihren Ton haben. Überlegen Sie, was Ihre Zuhörer erwarten, und formulieren Sie entsprechend.

Sind die Empfänger mit dem Thema vertraut?
Ist Ihr Bericht das Ergebnis einer früheren Besprechung? Oder wollen Sie über neue Punkte sprechen? Was wissen die Zuhörer über dieses Thema, wie gut verstehen sie es? Haben Sie ihnen diese Ideen schon früher mitgeteilt? Kommen in Ihrer Botschaft Ausdrücke oder Bilder vor, die den Empfängern fremd sind? Wieviel müssen Sie zum Hintergrund sagen?

Wenn Sie über diese Punkte nachdenken, werden Sie Ihre Zuhörer nicht langweilen, indem Sie ihnen Dinge erzählen, die sie schon wissen, sie aber auch nicht dadurch verwirren, daß Sie wichtige Informationen auslassen.

Demographische Informationen
Was wissen Sie über das Geschlecht, die Nationalität und/oder das Alter Ihrer Zuhörer?
Dieser Aspekt ist wichtig, weil es Wörter oder Bilder geben könnte, die Ihren Zuhörern nichts sagen und die Sie daher nicht verwenden dürfen. Die demographischen Merkmale der Zuhörer spielen unter anderem im Hinblick auf die Vergleiche oder Beispiele, die Sie anführen können, eine Rolle. Natürlich dürften alle über Ereignisse von internationaler Bedeutung informiert sein, doch das gilt nicht unbedingt für lokale Vorkommnisse. Sprechen Sie auch nicht über Vorfälle aus der Vergangenheit, wenn Ihre Zuhörer zu jung sind, um sie richtig einzuordnen. Bildhafte Vergleiche, die für einen zwanzigjährigen Deutschen bestimmt sind, wird eine achtzigjährige Japanerin möglicherweise nicht verstehen.

Typische Verhaltensweisen Ihrer Zuhörer
Wer sind die Menschen, denen Sie Ihre Ideen mitteilen wollen? Wer von ihnen ist nachdenklich, wer eher kämpferisch? Auf wen müssen Sie besonders eingehen, wer achtet mit Argusaugen auf die Details? Wer ist angriffslustig, und wer verhält sich bei einer öffentlichen Diskussion besonders vorsichtig?
Wenn Sie sich mit solchen Fragen beschäftigen, können Sie sich leichter für den passenden Stil, Ton und Inhalt Ihrer Aussagen entscheiden und sich auf die Fragen, die man Ihnen möglicherweise stellen wird, vorbereiten.

Eigenarten berücksichtigen
Um auf Vorurteile und Empfindlichkeiten einzelner Zuhörer Rücksicht zu nehmen, sollten Sie sich folgende Fragen stellen: Welche Zuhörer haben Einfluß auf welche anderen? Ist Ihre Botschaft umstritten? Wer ist in Positionskämpfe verwickelt?

Schneiden Sie Ihre Nachricht auf die Bedürfnisse des Empfängers zu, damit sie bestmöglich aufgenommen wird. Berücksichtigen Sie insbesondere Anzahl, Eigenarten, Kenntnisstand und Erwartungen Ihres Publikums. Je individueller Sie auf Ihre Zuhörer eingehen, desto problemloser wird Ihre Nachricht verstanden werden.

2.4 Der Kommunikationskanal

Sie haben den Kommunikationsprozeß gedanklich schon fast vollendet: Sie wissen, warum Sie welche Gedanken mitteilen wollen, wer die Empfänger Ihrer

Botschaft sind und wie Sie dafür sorgen können, daß sie Ihre Botschaft verstehen. Jetzt müssen Sie sich der Frage zuwenden, wie Sie Ihre Ideen oder Gefühle übermitteln wollen – indem Sie ein Memo schreiben, eine Besprechung in Ihrem Büro ansetzen, ein beiläufiges Gespräch auf dem Flur führen oder auf andere Weise?

Möglichkeiten der Übermittlung

Welche Kommunikationsformen benutzen Sie am häufigsten? Es gibt eine große Auswahl an Möglichkeiten: Vorträge, informelle Gespräche, formelle Besprechungen, Anrufe, E-Mails, offizielle Berichte, informelle Berichte, Memos, Faxe, Briefe, Handzeichen ...

Welche Methode geeignet ist, hängt jeweils von den konkreten Umständen der Kommunikationssituation ab. Wenn Sie darüber nachdenken, wie Sie Ihre Botschaft verbreiten wollen, sollten Sie immer den größeren Zusammenhang im Auge behalten. Ließe Ihr Thema sich am besten durch einen Vortrag vor großem Publikum präsentieren? Oder in kleinen Gruppen? In Einzelgesprächen? In einem nur eine Seite langen Memo, das dann an alle Betroffenen verteilt wird? Oder in einem Bericht von 30 bis 40 Seiten? Ist Ihre Botschaft so dringend, daß Sie sie telefonisch oder per E-Mail übermitteln müssen? Oder sollen die Empfänger in aller Ruhe über sie nachdenken können? Dann müßten Sie etwas Schriftliches verteilen, das sie vor der Diskussion lesen können. Je nach Situation können Sie so entscheiden, ob Ihre Nachricht schriftlich oder mündlich kommuniziert werden sollte, ob sie sofort den Empfänger erreichen soll etc.

Entscheidungshilfen

Bei Ihren Überlegungen müssen Sie Faktoren wie Größe und Zusammensetzung Ihres Publikums, Vertraulichkeit, Grad der Förmlichkeit, Dringlichkeit und Wichtigkeit berücksichtigen. Folgende Fragen werden Ihnen bei der Entscheidung helfen:

- Möchten Sie einen schriftlichen Bericht über Ihre Kommunikation haben?
- Soll Ihre Botschaft sofort oder in einiger Zeit aufgenommen werden?
- Sollen Ihre Zuhörer die Gelegenheit bekommen, über das Gehörte nachzudenken, oder erwarten Sie auf der Stelle eine Antwort?
- Soll Ihre Botschaft formell oder informell sein?
- Möchten Sie sie mit Fakten untermauern?
- Wollen Sie dieselbe Botschaft an eine große Zahl von Empfängern verteilen?
- Könnte das, was Sie mitgeteilt haben, von irgend jemandem mißbraucht werden?
- Möchten Sie die Möglichkeit haben, Ihre Botschaft spontan zu ändern?
- Wollen Sie gegebenenfalls sofort auf Feedback reagieren können?

Damit Sie Ihre Botschaft erfolgreich kommunizieren können, müssen Sie Ihre Mitteilung möglichst präzise und publikumsgerecht formulieren.

- ***Überlegen Sie zunächst, warum Sie überhaupt kommunizieren. Das Ziel der Kommunikation bestimmt Wortwahl, Ton, Aufmachung etc.***

- *Gehen Sie auf die Eigenheiten und Erwartungen der Empfänger ein, indem Sie Ihre Ideen entsprechend aufbereiten und formulieren.*
- *Wählen Sie den richtigen Kommunikationskanal, indem Sie überlegen, auf welche Art und mit welcher Geschwindigkeit Ihre Nachricht den Empfänger erreichen soll.*

3. Informationen strukturieren

Können Sie Ihre Botschaft in einen größeren Zusammenhang einordnen? *Seite 43*

Wissen Sie, welche Grundstruktur jeder Kommunikation zugrunde gelegt werden sollte? *Seite 45*

Kennen Sie Techniken, um Informationen in eine sinnvolle Reihenfolge zu bringen? *Seite 46*

Botschaften sind um so effektiver, je besser sie strukturiert sind. Daher sollten Sie

- Ihre Botschaft in einen größeren Zusammenhang stellen
- sich auf das Wesentliche beschränken
- eine zugrundeliegende Struktur deutlich machen
- die Informationen in eine sinnvolle Reihenfolge bringen.

3.1 Der größere Zusammenhang

Ihre Botschaft sollte in einen größeren Rahmen gestellt werden, damit der Empfänger ihre Bedeutung einordnen kann. Als Beispiel wollen wir uns den Anfang von Fernsehfilmen ansehen. Der Zuschauer wird meist durch eine Totale in die Geschichte eingeführt: Wir sehen zunächst das Bild einer Stadt am Horizont, dann zoomt die Kamera auf einen bestimmten Stadtteil. Oft wird uns eines der Wahrzeichen gezeigt. Schließlich erfaßt die Kamera nur noch ein einziges Gebäude ... ein Fenster ... ein Zimmer, in dem wir die Hauptfiguren kennenlernen. So wird innerhalb von wenigen Sekunden der größere Zusammenhang verdeutlicht.

Aufmerksamkeit erringen
Wenn Sie eine Botschaft senden wollen, sollten Sie das gleiche Prinzip anwenden: Sie müssen die Empfänger zunächst „ins Bild setzen". Dieser Einstieg hilft zu vermeiden, daß die Zuhörer sich gedanklich mit anderen Dingen beschäftigen. Sie werden das, was Sie ihnen sagen wollen, aufmerksamer verfolgen, wenn Sie ihnen

genug Informationen über den Hintergrund Ihrer Botschaft liefern.

Beispiel
Wie man das macht? Nehmen wir an, daß Sie über den Umbau des Konferenzzimmers sprechen sollen. In diesem Fall könnten Sie zunächst erläutern, wie wichtig dieses Zimmer ist, welche Geschichte es hat oder welche Probleme es bisher mit ihm gegeben hat; erst dann sollten Sie sich dem Umbau selbst zuwenden. Auf diese Weise haben Sie Ihr Thema zunächst in einen größeren Zusammenhang gestellt und sind dann auf die Einzelheiten zu sprechen gekommen.

Wenn Sie Ihre Botschaft in einen größeren Zusammenhang stellen, wird der Empfänger aufmerksamer sein, und er wird Ihre Informationen leichter verarbeiten können.

3.2 Beschränkung auf das Wesentliche

Reduzieren Sie Ihre Ausführungen auf das Notwendige. Lassen Sie alles weg, was nicht mit dem Thema zu tun hat. Wenn Sie z.B. bei einem halbstündigen Vorstellungsgespräch zuviel Zeit darauf verwenden, über das Wetter zu sprechen, kommen Sie möglicherweise gar nicht mehr zu den Fragen, durch die Sie entscheiden können, ob der Kandidat geeignet ist. Genauso verschwenden manche Bewerber mit langatmigen Antworten die Zeit, statt auf die wichtigen Punkte einzugehen, die zeigen, daß gerade sie geeignet sind.

Papier ist nicht geduldig
Entsprechendes gilt auch für schriftliche Kommunikation. Man kann sich durchaus auf 15 Seiten über Dinge auslassen, die überhaupt keine Bedeutung haben. Bei Vorträgen kann man wertvolle Minuten damit vergeuden, interessante Anekdötchen zu erzählen, statt seine Botschaft zu erläutern. Auch bei Besprechungen oder Beratungskonferenzen ist es wichtig, sich auf die Botschaft zu konzentrieren und Irrelevantes wegzulassen. Sonst erinnern sich die Zuhörer anschließend eher an die Geschichte, den Witz oder die Anekdote als an die Punkte, auf die es Ihnen eigentlich ankam!

Wenn Sie Ihre Informationen auf die wesentlichen Punkte reduzieren, erleichtern Sie es dem Publikum, Relevantes im Kopf zu behalten, statt von Nebensächlichem abgelenkt zu werden.

3.3 Die Grundstruktur

Die meisten können Informationen besser behalten, wenn sie in irgendeiner Form strukturiert sind. Auch Bücher, Theaterstücke oder Spiele haben eine Grundstruktur: Beginn, Hauptteil und Schluß.
Im Anfangsteil Ihrer Kommunikation, der Einleitung, sollten Sie darlegen, was Sie tun oder sagen möchten. Im Hauptteil entwickeln Sie dann die Punkte oder Argumente, die Sie vorher eingeführt haben. Und im Schlußteil schließlich greifen Sie das auf, was Sie am Anfang gesagt haben, und führen aus, welche Lösung oder welche Vorschläge Sie anbieten.

Die Struktur offenlegen
Ihre Zuhörer werden Ihren Gedankengängen viel besser folgen können, wenn Sie ihnen die Struktur zu Beginn erläutern. Briefe, Memos, Berichte und Vorträge sollten ebenfalls eine deutliche Struktur aufweisen. Lange Berichte können allerdings auch vom üblichen Aufbau abweichen und neben der Einleitung z. B. noch Ergebnisse, Schlußfolgerungen und Vorschläge enthalten. An sich spielt es aber keine Rolle, ob ein Bericht fünf oder hundert Seiten lang ist – das Material sollte immer auf eine schlüssige Weise strukturiert werden.

Das gleiche gilt für Besprechungen, bei denen meist in der Tagesordnung die Struktur vorgegeben wird. Am Anfang könnten Informationen über zurückliegende geschäftliche Vorgänge stehen, das heißt, Sie berichten über die Punkte, bei denen man bei der letzten Besprechung zu keiner Entscheidung gekommen ist. Anschließend werden meist neue Themen in einer sinnvollen Reihenfolge besprochen.

Eine sinnvolle Struktur Ihrer Nachricht erleichtert es nicht nur Ihnen, sich verständlich auszudrücken, sondern sie hilft auch dem Publikum, Ihre Gedanken nachzuvollziehen. Greifen Sie auf bewährte Gliederungen (Einleitung, Hauptteil, Schluß) zurück.

3.4 Reihenfolge der Informationen

Über eine sinnvolle Grundstruktur hinaus sollten Sie Ihre Informationen in eine sinnvolle Reihenfolge bringen. Verleihen Sie Ihren Argumenten eine weiterführende Struktur. Denken Sie nur einmal an Autokennzeichen oder Telefonnummern – die meisten Leute merken sich diese Ziffern und Zahlen, indem sie sie in eine logische Beziehung zu bringen versuchen. Das zeigt sich auch an Computer-Paßwörtern: Dafür wählen die meisten Namen oder Zahlenfolgen, die eine Bedeutung haben (z. B. Geburts- oder Hochzeitstage), damit sie besser behalten werden.

Verbreitete Methoden

Im folgenden stelle ich Ihnen einige weitverbreitete Methoden vor, um Informationen zu strukturieren. Sie eignen sich sowohl für mündliche als auch für schriftlich formulierte Botschaften:

- chronologische Reihenfolge
- numerische/alphabetische Reihenfolge
- von der Theorie zur Praxis
- nach Wichtigkeit angeordnet
- in räumliche Beziehung gebracht
- mnemonische Hilfsmittel.

Chronologische Reihenfolge

Informationen oder Daten werden gern in eine zeitliche Reihenfolge gebracht. Diese Methode wird sehr häufig angewendet, da sie den persönlichen Zeitrhythmus widerspiegelt. Sie könnten z. B. mit der Gegenwart anfangen und in die Vergangenheit zurückgehen oder umgekehrt. Dieses Vorgehen ist einleuchtender, als erst vom letzten Dienstag zu sprechen, danach auf den Freitag davor zu kommen und dann schließlich auf den aktuellen Tag zu springen.

Numerische oder alphabetische Reihenfolge
Man kann die Informationen auch mit Hilfe von Zahlen oder Buchstaben gliedern. Bei einer Besprechung könnten Sie z. B. über drei Gründe diskutieren wollen, die für eine bestimmte Position sprechen; also handeln Sie zunächst den ersten ab, dann den zweiten und schließlich den dritten. Wenn Sie Ihrem Chef ein Memo überreichen, in dem Sie fünf Vorschläge für die Zusammenstellung von Teams machen, sollten Sie Ihre Vorschläge durchnumerieren und sich nachfolgend auf diese Zahlen beziehen. Statt der Zahlen können Sie natürlich auch Buchstaben benutzen.

Erleichtern Sie es Ihren Zuhörern, Ihre Argumente aufzunehmen, indem Sie sie in einer sinnvollen Reihenfolge präsentieren. Die chronologische Anordnung sowie eine numerische Abfolge haben sich besonders bewährt.

Von der Theorie zur Praxis
Bei diesem Ansatz stellt man zunächst das Konzept vor und erläutert anschließend, wie es in die Praxis umgesetzt werden kann. Wenn Sie beispielsweise über eine neue Verkaufsstrategie sprechen wollen, könnten Sie sie erst einmal unter theoretischen Gesichtspunkten erläutern und dann beschreiben, wie man sie praktisch durchführen kann.

Nach der Wichtigkeit
Einzelne Punkte können auch nach ihrer Wichtigkeit angeordnet werden. Diese Methode wird häufig mit der numerischen verbunden. Da bei den Zuhörern vor allem der Anfang und der Schluß haften bleiben, ist es keine

schlechte Idee, das stärkste Argument als erstes oder als letztes vorzubringen. Die anderen Punkte können Sie nach ihrer Wichtigkeit entweder auf- oder absteigend anordnen. Die schwächsten Argumente versteckt man am besten in der Mitte, damit sie die Empfänger nicht zu intensiv im Gedächtnis behalten. Überlegen Sie jeweils, welche Reihenfolge angesichts Ihrer Zuhörer und der Situation die beste ist.

Räumliche Anordnung
Informationen lassen sich auch räumlich gliedern, das Thema kann also in Form räumlicher Beziehungen diskutiert werden. Dabei können Sie von links nach rechts vorgehen, aber auch von Norden nach Süden, von hinten nach vorne, von oben nach unten oder jeweils umgekehrt. Um z. B. die verschiedenen Abteilungen Ihrer Firma auf der Tafel oder einem Flip-chart darzustellen, können Sie sich von Osten nach Westen oder von Norden nach Süden vorarbeiten. Wenn Sie ein Diagramm benutzen, können Sie Ihre Zuhörer auffordern, sich zunächst die linke Seite anzusehen. Die meisten Leute können sich Ausführungen, die in eine räumliche Beziehung gebracht werden, leichter merken.

Mnemonische Hilfsmittel
Mnemonische Hilfsmittel sind Gedächtnisstützen. Informationen können in eine sinnvolle Reihenfolge gebracht werden, indem Sie sich ein Wort (oder einen Spruch) ausdenken, das den Kern Ihrer Botschaft erfaßt und gleichzeitig ein Ordnungsprinzip bildet. Dabei kann es sich z. B. um eine Buchstabenkombination handeln, die Ihre wichtigsten Argumente widerspiegelt.

Nehmen wir an, daß Sie fünf Hauptargumente für den Erfolg Ihres Unternehmens vorbringen wollen. Sie zählen auf: es geht zunächst um Ihre Firma, dann um Innovationen, als drittes um Respekt, als viertes um Menschen und schließlich um die geleistete Arbeit. Die fünf Anfangsbuchstaben dieser Argumente ergeben zusammen das Wort FIRMA. Durch diese Gedächtnisstütze werden sich die Zuhörer Ihre Argumente gut einprägen können. Ihre Aufgabe ist, ihnen genau zu erläutern, wofür die einzelnen Buchstaben stehen.

Kombination der Methoden
Natürlich können Sie auch mehrere dieser Ansätze miteinander kombinieren. Wichtig ist nur, daß Sie eine nachvollziehbare Reihenfolge herstellen, so daß die Zuhörer Ihren Ausführungen gut folgen können.
Im Grunde sind auch Web-Sites nach diesem Prinzip aufgebaut: Sie beginnen mit einer Homepage oder Hauptbotschaft mit mehreren Unterpunkten. Jeder dieser Punkte kann ein Hyperlink sein, der wiederum zu anderen Links verweist.

Damit Ihre Nachricht verständlich wird, müssen Sie die Informationen strukturieren. Dadurch kann der Empfänger sie sich besser merken.
- ***Betten Sie Ihre Aussage in einen größeren Zusammenhang ein.***
- ***Entwickeln Sie eine Grundstruktur, die Sie Ihren Ausführungen zugrunde legen.***
- ***Wichtig ist auch, die Argumente in eine sinnvolle Reihenfolge zu bringen. Dafür bieten sich mehrere***

Prinzipien an. Am beliebtesten ist die chronologische Reihenfolge oder eine numerische bzw. alphabetische Anordnung.

4. Sprache, Ton und Auftreten

Wissen Sie, welche Formulierungen Sie auf jeden Fall meiden sollten?
Seite 55

Überprüfen Sie regelmäßig Behauptungen, Rechtschreibung und äußere Gestaltung Ihrer Nachrichten? *Seite 60*

Ist Ihnen bewußt, welchen Eindruck Sie auf Ihre Zuhörer machen? *Seite 63*

„Sprich nicht in diesem Ton mit mir!" – das haben Sie bestimmt schon einmal jemanden sagen hören. Auch bei Schriftlichem kann man zwischen den Zeilen lesen. Der Ton macht bekanntlich die Musik und beeinflußt auch Ihre Botschaft.

Der Ton macht die Musik

Wenn Sie den falschen Ton wählen, können Sie Ihr Publikum gegen sich einnehmen, weil Sie

- es beleidigen
- es herabsetzen
- es verletzen
- ihm Angst einjagen
- herablassend wirken.

Mit der Entscheidung für den richtigen Tonfall können Sie Ihr Publikum hingegen positiv stimmen, indem Sie

- ihm das Gefühl geben, ernst genommen zu werden
- ihm zuhören
- ihm gewinnend und charmant gegenübertreten
- die Intelligenz und die Kenntnisse Ihrer Zuhörer respektieren
- die Stärken jedes einzelnen anerkennen.

Sie müssen also so sprechen oder schreiben, wie es Ihrem jeweiligen Publikum, Ihrem Thema und der Situation angemessen ist. Ihre Wort- und Satzwahl, Ihr Tonfall, Ihre Haltung, Ihr Gesichtsausdruck und Ihre Stimme – all das macht zusammen Ihren „Ton" aus. Je gezielter Sie auf die Erwartungen Ihrer Zuhörer bezüglich Sprache und Auftreten eingehen, desto eher werden sie bereit sein, Ihnen zuzuhören.

Beispiel
Nehmen wir einmal an, daß man Ihnen die ehrenvolle Aufgabe übertragen hat, bei einem Hochzeitsempfang zu sprechen. Man erwartet natürlich von Ihnen, daß Sie möglichst unterhaltsam sind und gute Laune verbreiten. Wenn Sie mit ernstem Gesicht ans Kopfende der Tafel treten und den Neuvermählten einen hauptsächlich aus gelehrten Wortungetümen von acht bis neun Silben bestehenden Vortrag halten oder lange Passagen aus Schillers „Wilhelm Tell" vorlesen würden, wären die Anwesenden darüber sicherlich sehr verwundert.
Oder stellen Sie sich vor, daß Sie gerade auf einem großen internationalen Flughafen gelandet sind. Ein Zollbeamter umarmt Sie, lächelt breit, heißt Sie herzlich willkommen und erzählt einen Witz. Doch dann erfahren Sie, daß Sie unter dem Verdacht stehen, illegal eingereist zu sein, und daß man Sie mit dem nächsten Flugzeug zurückschicken wird. Wären Sie dann nicht sehr verwirrt?
Das sind zwar zwei Extrembeispiele, doch sie zeigen deutlich, wie irreführend der falsche Ton sein kann.

Es genügt nicht, seine Worte nur sorgfältig zu wählen. Ebenso wichtig ist es, einen der jeweiligen Kommunikationssituation angemessenen Ton zu finden.

4.1 Ihr Verhalten

Nicht nur Ihr Tonfall, sondern auch Ihr Gesichtsausdruck und Ihre Haltung wirken sich auf Ihre Botschaft aus und beeinflussen den Empfänger. Wäre es angebracht, zu lächeln oder die Stirn zu runzeln? Sollten Sie Ihre Botschaft herausbrüllen oder Ihre Stimme lieber zu einem Flüstern dämpfen? Möchten Sie selbst sitzen, während der Empfänger steht?

Wie formell wollen Sie sein?
Ob es sich nun um eine geschäftliche Besprechung, einen Anruf oder einen schriftlichen Bericht handelt – Sie müssen immer überlegen, wie formell Sie sein wollen. Bei Besprechungen kann der Ton auch dadurch bestimmt werden, wie Sie selbst und die Teilnehmer sitzen. Hocken Sie ohne Jackett auf der Tischkante, lassen Ihren Schuh von den Zehen baumeln und fragen fröhlich: „Also, was liegt an?" Sitzen alle auf vorher festgelegten Plätzen an einem Konferenztisch? Tragen Sie Ihr Jackett? Ist es zugeknöpft? Eröffnen Sie die Besprechung, und halten Sie sich dann systematisch an eine schriftlich ausgearbeitete Tagesordnung?

Ihr Verhalten hat großen Einfluß auf den Empfänger. Mit Gesichtsausdruck, Gesten und Auftreten können Sie Ihre Worte verstärken oder ihnen einen zusätzlichen Aspekt verleihen.

4.2 Wahl geeigneter Worte, Gesten und Bilder

Der Sprecher kann die Zuhörer durch seine Wortwahl herablassend behandeln. Durch Worte wie „offensichtlich" oder „natürlich" kann er bei ihnen den Eindruck erwecken, daß sie eigentlich schon alles über das Thema

wissen sollten. Solche Worte implizieren, daß der Sprecher es für Zeitverschwendung hält, ihnen etwas zu erklären. Wer seinem Publikum gegenüber so auftritt, beleidigt es!
Für Schriftliches gilt das gleiche. Sollten Sie sich ungezwungen, vielleicht sogar lässig ausdrücken? Oder lieber eine formellere Sprache benutzen?

Beachten Sie generell die folgenden Grundsätze:
- Vermeiden Sie Übertreibungen und Verallgemeinerungen.
- Verzichten Sie auf Worthülsen.
- Komplizieren Sie Ihre Botschaft nicht.
- Achten Sie auf Einheitlichkeit.
- Seien Sie präzise.
- Benutzen Sie geeignete Bilder und Vergleiche.
- Wahren Sie die notwendige Vertraulichkeit.
- Achten Sie darauf, daß Sie niemanden beleidigen.

Vermeiden Sie Übertreibungen und Verallgemeinerungen

Man erliegt sehr leicht der Versuchung, zu übertreiben oder zu stark zu verallgemeinern. Wie schnell verweisen wir auf „alle unsere Kunden“, obwohl es eigentlich nur um 12 von 20 geht! Wie oft sagen wir „alle“, wenn wir im Grunde nur „die meisten“ meinen! Bei der Formulierung Ihrer Mitteilung – ob schriftlich oder mündlich – müssen Sie deshalb darauf achten, daß Sie nicht übertreiben, sondern präzise Angaben machen. Sollte auch nur einem Ihrer Zuhörer oder Leser eine Bemerkung auffallen, nach der Ihre Firma etwas Bestimmtes „immer“ macht, obwohl das gar nicht der Fall ist, verlieren Sie an Glaubwürdigkeit. Wenn Ihre Firma etwas „meistens“ macht, müssen Sie das auch genau so sagen.

Verzichten Sie auf Worthülsen

Wenn wir das richtige Wort nicht finden können, benutzen wir gern Worthülsen wie „gewissermaßen“, „sozusagen“ oder „ziemlich“. So könnten wir in einer heiklen Situation sagen, wir hätten „da gewissermaßen ein Problem“. Dann dürften die Zuhörer sich allerdings fragen: „Was denn für ein Problem?“ Es könnte sich ja um ein kleineres Mißgeschick handeln, aber auch um eine Katastrophe. Was bedeutet „gewissermaßen“? Gewöhnen Sie sich daher an, sich die Zeit zu nehmen, um Wörter zu suchen, die wirklich das ausdrücken, was gemeint ist.

Vermeiden Sie Kompliziertes

Verzichten Sie auf ellenlange Sätze, auf seitenlange Absätze und auf Bandwürmer wie „Energieversorgungstechnologien“. Greifen Sie zu einfachen Wörtern statt zu komplizierten („nachprüfen“ statt „verifizieren“, „außergewöhnlich“ statt „exzeptionell“, „meßbar“ statt „quantifizierbar“).

Vermeiden Sie Fachausdrücke und Jargon

Mit Jargon und Fachausdrücken sollten Sie sparsam umgehen. Jargon wird oft nur von bestimmten Berufszweigen verstanden. Natürlich können Sie aber Fachausdrücke verwenden, wenn Sie sicher sind, daß alle Ihre Zuhörer deren Bedeutung kennen. Falls es sich nicht vermeiden läßt, Fachausdrücke zu benutzen, müssen Sie sie definieren, sofern nur einer Ihrer Zuhörer Ihnen sonst nicht folgen kann.

Ihre Nachricht muß leicht verständlich sein, sonst wird sie nicht gern empfangen. Formulieren Sie daher präzise und ohne Übertreibungen. Verwenden Sie Fachausdrücke nur, wenn sie von allen verstanden werden.

Achten Sie auf Einheitlichkeit

Bleiben Sie lieber bei einem bestimmten Begriff, statt krampfhaft Synonyme zu verwenden. Wenn Sie beispielsweise am Anfang eines Berichts das Wort Marketingplan benutzen, sollten Sie es beibehalten. Auch ich spreche in diesem Buch immer nur vom Empfänger, nicht vom Rezipienten oder Kommunikanten.

Das gleiche gilt für die Struktur – bleiben Sie bei Ihrem ursprünglichen Aufbau! Wenn Teil 1 nach dem Muster I, A und 1 gegliedert ist, muß sich das in Teil 2 als II, A und 1 fortsetzen, Sie dürfen also nicht zu 2.1.1 wechseln. So können die Zuhörer Ihnen besser folgen.

Formulieren Sie präzise

Natürlich könnten Sie sagen, daß „die Verbraucher" auf bestimmte Weise auf Produkt X reagierten. Es ist aber präziser – und überzeugender! –, wenn Sie darauf hinweisen, daß 50 Prozent der Befragten so auf Ihr Produkt reagierten. Auch wenn es um die Tatsache geht, daß die Preise oder Kosten gestiegen sind, müssen Sie präzisieren: „Die Preise sind um 15 Prozent gestiegen, die Kosten um 8 Prozent." Sprechen Sie nicht von „starken" oder „sintflutartigen" Regenfällen, sondern geben Sie an, wieviel Liter Regen in welcher Zeit pro Quadratmeter gefallen sind. Je präziser Sie sind, desto glaubwürdiger wirken Sie.

Verwenden Sie geeignete Bilder und Vergleiche

Wir alle können uns Bilder besonders gut einprägen. Deshalb ist es wichtig, daß Sie die beste Illustration oder das aussagekräftigste Foto verwenden. Sie sollten Ihre Argumente auch durch verbale Beschreibungen oder Vergleiche verdeutlichen. Falls Sie einen komplizierten Prozeß erklären wollen, dürften Ihre Zuhörer ihn besser verstehen, wenn Sie ein vertrautes Beispiel heranziehen. War die Geschwindigkeit so hoch wie die der Concorde oder eher wie die eines Linienbusses? Ist der Papierverbrauch in Ihrer Firma so groß, daß Sie davon jeden Tag einen Stapel von einem oder von fünfzig Metern aufschichten könnten?

Wahren Sie die notwendige Vertraulichkeit

Achten Sie sorgfältig darauf, nichts zu sagen oder zu schreiben, was gegen die Firmenpolitik verstößt. Wenn Sie mitten in einem Projekt stecken, werden Sie in den meisten Fällen ganz selbstverständlich über Ihre Beteiligung daran sprechen können. Es darf jedoch nicht passieren, daß Sie den falschen Leuten versehentlich vertrauliche Informationen preisgeben. Personalfragen und Pläne für neue Produkte sind in dieser Hinsicht besonders heikle Bereiche.

Zeigen Sie Respekt

Wohl niemand will seine Zuhörer beleidigen, verletzen oder erniedrigen. Lesen Sie Ihre Unterlagen oder Berichte sehr sorgfältig durch, um das nicht unabsichtlich zu tun. Machen Sie keine abschätzigen Bemerkungen über das andere Geschlecht oder eine bestimmte Altersgruppe (egal, ob jung oder alt).

Bei der Wahl Ihrer Worte sollten Sie besonders sorgfältig vorgehen. Überlegen Sie zunächst, wie formell sie sein müssen, und formulieren Sie ansonsten möglichst einfach, bildlich und mit dem nötigen Respekt.

4.3 Fakten und Ausführungen überprüfen

Sie haben daran gearbeitet, Ihre Botschaft gut verständlich zu machen, Sie haben ihr eine Struktur verliehen und Ihre Informationen in eine sinnvolle Reihenfolge gebracht. Außerdem haben Sie sich für bestimmte Worte, Gesten oder Bilder entschieden. Nehmen Sie sich nun noch Zeit für eine letzte Überprüfung Ihrer Botschaft. In den folgenden Bereichen kommt es besonders häufig zu Fehlern:

Grammatik und Rechtschreibung
Lesen Sie Ihre Ausführungen mehrmals durch. Am besten lassen Sie sie durch die Rechtschreibprüfung Ihres Computers laufen und gehen sie auch selbst noch einmal durch. Wie oft haben Sie schon „daß" statt „das" und umgekehrt gesehen? Häufig stößt man auch auf falsche Jahreszahlen oder Daten, so daß z. B. die Daten in einer ganzen Dekade mit „18" statt mit „19" anfangen. Oder Sie haben ein Singular-Subjekt mit einem Verb im Plural kombiniert.

Protokoll und Höflichkeit
Achten Sie darauf, daß alle Namen und Titel richtig geschrieben sind, daß keiner fehlt und daß sie in der

richtigen Reihenfolge stehen. Es mag zwar etwas altmodisch klingen, aber manche Leute sind beleidigt, wenn der Titel vor ihrem Namen fehlt. Falls der Umgang mit Titeln in Ihrer Firma nicht explizit geregelt ist, sollten Sie dafür sorgen, daß Ihr Büro oder Ihre Abteilung dabei einheitlich vorgeht. Vielleicht reden Sie einen Ihrer Kollegen normalerweise mit einem Spitznamen an, das dürfte jedoch unangebracht sein, wenn ein neuer Kunde anwesend ist oder eine Besprechung mit Aktionären stattfindet. Es ist wichtig, auf solche Details zu achten. Wenn Ihre Zuhörer sich über Sie ärgern, könnten sie Ihrer Botschaft von vornherein ablehnend gegenüberstehen.

Richtigkeit der Fakten, Einhaltung von Zusagen
Ihre Angaben müssen immer korrekt sein! Falls Sie Ihre Vorschläge also mit Fakten untermauern, müssen diese stimmen. Überprüfen Sie alle Ihre Berechnungen noch einmal!

Zusagen, die Sie geben, müssen Sie unbedingt einhalten. Hat ein Kunde Sie gebeten, ihm bestimmte Informationen zu besorgen? Dann müssen Sie das auch tun. Und wenn Sie versprochen haben, zurückzurufen oder sich bei jemandem zu melden, dürfen Sie das auf keinen Fall unterlassen.

Ausgewogenheit
Wenn Ihre Ausführungen fertig sind, sollten Sie erneut prüfen, ob die Fakten in der richtigen Länge und Ausgewogenheit behandelt wurden. Im allgemeinen empfiehlt es sich nicht, zehn Minuten lang über Punkt 1 zu

sprechen und dann insgesamt nur fünf Minuten über die Punkte 2 und 3. Beschäftigen Sie sich 20 Seiten lang mit Argument 1, haben Argument 2 aber nur eine Seite gewidmet? Ist Ihr Bericht 60 Seiten lang und endet dann mit nur zwei abschließenden Sätzen? Ihre Botschaft muß ausgewogen sein!

Die äußere Gestaltung

Wie sieht Ihr Bericht aus? Ist Ihr Memo mit Tee- oder Kaffeeflecken verziert? Hat das Manuskript für Ihre Rede Eselsohren? Oder ist es so ausgebleicht, daß Ihre Zuhörer daraus schließen müssen, daß Sie es seit zehn Jahren nicht mehr überarbeitet haben? Steht der Text auch nicht zu gedrängt, so daß der Bericht sich leicht lesen läßt? Sind Ihre Abbildungen verständlich genug? Ist das, was Sie präsentieren, nicht durch zu viele unterschiedliche Schriftarten verwirrend? Im Zeitalter des Computers ist man leicht versucht, mit Bildern und den verschiedenen Schriftarten zu spielen, doch das kann die Lesbarkeit beeinträchtigen. Sind die Überschriften in den verschiedenen Kapiteln einheitlich? Werden Briefe immer nach dem gleichen Muster getippt? Solche Kleinigkeiten sind leicht zu beheben, verbessern aber die Wirkung Ihrer Kommunikation enorm.

Achten Sie auch auf Kleinigkeiten! Selbst wenn Sie überzeugt sind, daß Ihre Botschaft perfekt ausgearbeitet ist, sollten Sie das noch einmal überprüfen. Konzentrieren Sie sich vor allem auf die folgenden Bereiche: Grammatik und Rechtschreibung, Richtigkeit der Fakten, Ausgewogenheit sowie die äußere Gestaltung.

4.4 Wie wirken Sie auf Ihre Zuhörer?

Wir haben uns jetzt sehr eingehend mit den Worten und verschiedenen anderen Aspekten Ihrer Botschaft befaßt. Bei der Kommunikation spielen aber auch Bilder eine große Rolle. Eines der wichtigsten Bilder, die Sie senden, ist Ihr eigenes. Gute Kommunikatoren wissen, wie sie wirken. Vor allem der erste Eindruck ist von Bedeutung. Andere registrieren, wie wir gekleidet sind, wie wir uns anhören, wie unser Büro aussieht und wie unsere Mitarbeiter sich präsentieren. Stellen Sie sich daher die folgenden Fragen:

Ist Ihr Aussehen angemessen?
Betrachten Sie sich einmal genau im Spiegel. Gefällt Ihnen das, was Sie sehen? Was verrät Ihr persönlicher Stil über Sie? Ist Ihre Frisur in Ordnung, sind Sie dem Anlaß entsprechend gekleidet, wirken Sie gepflegt? Haben Sie günstige Farben gewählt? Ihre Kleidung darf die Zuhörer nicht von Ihrer Botschaft ablenken! Für manche sind schon Schuhe, die nicht makellos glänzen, ein Blickfänger.

Wie treten Sie auf?
Zupfen Sie ständig an einer bestimmten Stelle Ihrer Kleidung herum? Schieben Sie Ihre Brille immer wieder ganz nach oben? Fahren Sie sich mit den Händen durchs Haar? Spielen Sie an Ihren Knöpfen herum? Befingern Sie Ihre Krawatte, oder vergraben Sie die Hände in den Taschen? An sich ist gegen all diese Gesten gar nichts einzuwenden – sie dürfen allerdings nicht dazu führen, daß die Zuhörer abgelenkt werden.

Welche Haltung nehmen Sie ein? Gehen Sie hin und her? Hüpfen Sie herum? Wippen Sie immer wieder auf den Fußballen? Halten Sie den Blick auf Ihre Unterlagen gesenkt, oder schauen Sie aus dem Fenster, wenn Sie eigentlich anderen aufmerksam zuhören sollten?

Wie hören Sie sich an?
Kann man Sie gut verstehen? Haben Sie Angewohnheiten, die Ihren Zuhörern mit der Zeit auf die Nerven gehen – räuspern Sie sich ständig, oder schieben Sie viele Ähs ein? Wiederholen Sie bestimmte Ausdrücke immer wieder? Ist alles, was Ihnen gefällt, „wunderbar"? Sprechen Sie so schablonenhaft, daß man Ihnen nicht glaubt, was Sie sagen? Wenn alles wunderbar ist, könnten die Zuhörer sich allmählich fragen, ob Sie nicht vielleicht etwas zu verbergen haben. Haben Sie sich einmal auf Band oder Kassette aufgenommen und darauf geachtet, ob Sie besondere Sprechgewohnheiten an den Tag legen? Haben Sie eine kräftige, dröhnende Stimme, die Ihre Zuhörer einschüchtern könnte, obwohl Sie eigentlich Fröhlichkeit verbreiten wollen? Oder sprechen Sie mit sanfter, leiser Stimme, die passiv klingt, auch wenn Sie sich durchsetzen wollen?

Wie sieht Ihr Büro aus?
Wie Ihre Kleidung spiegelt auch Ihr Büro Ihre Persönlichkeit wider. Ist es aufgeräumt oder eher chaotisch? Überlegen Sie sich, welches Bild Sie abgeben wollen. Stapeln sich in Ihrem Büro benutzte Kaffeetassen? Quillt der Papierkorb stets über? Liegen ungeöffnete Briefe und Zettelstapel herum, so daß Ihre Besucher den Eindruck bekommen, Sie seien nachlässig?

Wie präsentiert sich Ihr Unternehmen nach außen?
Bestimmt haben Sie schon einmal bei einer Firma angerufen und mit einer „Dame“ gesprochen, die dabei laut und vernehmlich Kaugummi kaute. Wie sieht das in Ihrem Unternehmen aus? Wie alt sind die am Empfang ausliegenden Zeitschriften und Zeitungen? Wahrscheinlich sind Sie auch schon einmal in ein Geschäft gekommen und mußten ein angeregtes Gespräch des Verkaufspersonals unterbrechen, um überhaupt bedient zu werden, oder Sie sind von einem kalten, unfreundlichen Menschen „empfangen“ worden, der zu beschäftigt war, um Ihre Anwesenheit überhaupt wahrzunehmen. Anders herum gesagt – sind Sie schon einmal freundlich begrüßt worden, ließ man Sie spüren, daß Sie willkommen waren?

Das „Wie“ der Kommunikation – also die unterschwelligen Aspekte, wie Sie Ihre Nachricht vermitteln – dürfen Sie nicht unterschätzen. Die Empfänger der Nachricht registrieren diese Schwingungen sehr genau.

- ***Wählen Sie den richtigen Ton für die individuelle Kommunikationssituation, und formulieren Sie präzise.***
- ***Stimmen Sie Ihr Verhalten – Auftreten, Mimik und Gestik – auf Ihre Worte und die Situation ab.***
- ***Stellen Sie sicher, daß alle Fakten und Behauptungen, die Sie präsentieren, wirklich stimmen. Sonst werden Sie leicht als insgesamt unglaubwürdig angesehen.***

5. Feedback suchen und sich verbessern

Sind Sie sich bewußt, wie wichtig Feedback ist, um die eigene Kommunikation zu verbessern?
Seite 67

Wissen Sie, mit welchen Methoden Sie verstärkt ein Feedback hervorrufen können? *Seite 68*

Wissen Sie, wie Sie Ihre eigene Kommunikationsfähigkeit verbessern können? *Seite 70*

Feedback einzuholen ist eine der besten Methoden, um die eigene Kommunikationsfähigkeit immer weiter zu verbessern. Sie erfahren dadurch, ob Ihre Botschaft so bei den Zuhörern angekommen ist, wie sie gemeint war. Ist das nicht der Fall, müssen Sie der Frage nachgehen, warum die Kommunikation gescheitert ist, damit Sie Ihr Vorgehen beim nächsten Mal entsprechend ändern können. Umgekehrt sollten Sie natürlich besonders gelungene Aspekte beim nächsten Mal wiederholen.

Arten des Feedbacks
Es gibt formelles und informelles Feedback. Nach einer größeren Präsentation oder nach Vorlage eines umfangreichen Berichts können Sie nach formellem Feedback fragen und einen der Empfänger bitten, Ihre Kommunikation schriftlich zu beurteilen. Ein großer Teil der täglichen Kommunikation ist jedoch kurz und informell und wird nur ein informelles Feedback nach sich ziehen.

Mit dem folgenden Drei-Schritte-Ansatz wird es Ihnen fast immer gelingen, ein positives Feedback von Ihrem Publikum zu bekommen.

5.1 Zuhören

Sie möchten wissen,
- ob die Zuhörer Ihre Botschaft empfangen haben
- wie sie sie gedeutet haben
- warum sie verstanden oder nicht verstanden haben, was Sie ihnen sagen wollten.

Solche Informationen geben uns die Leute ständig, ohne daß man sie darum bitten muß. Die Bemerkungen, die Sie im ersten Kapitel dieses Buchs gelesen haben (vgl. Seite 9), waren Beispiele für diese Art informellen Feedbacks. Hören Sie zu, wenn jemand etwas zu dem sagt, was Sie selbst oder andere mitgeteilt haben. Halten Sie einfach die Ohren offen!

Das Zuhören üben

Die Fähigkeit, zuzuhören, ist bei den meisten von uns allerdings eher schwach ausgeprägt. Es fällt vielen schwer, sich zu konzentrieren, wenn sie unter Druck stehen und Termine einhalten müssen. In solch angespannten Situationen schweifen die Gedanken nur allzu leicht ab, wenn jemand anders spricht. Das ist an sich kein Wunder – unser Gehirn verarbeitet Informationen nämlich schneller, als irgend jemand sprechen kann, und daher haben wir reichlich Gelegenheit, uns währenddessen gedanklich mit anderen Dingen zu beschäftigen.

Ein erstes Feedback erhalten Sie in vielen Situationen schon dadurch, daß Sie aufmerksam zuhören. Die meisten Leute äußern spontan, was sie von einem Vortrag oder einem Bericht halten.

5.2 Sich konzentrieren

Wenn unsere Konzentration nachläßt, müssen wir uns selbst an die Kandare nehmen und zur Disziplin zwingen. Sicher haben auch Sie schon oft einen Bericht oder ein Memo gelesen und plötzlich festgestellt, daß Sie sich nicht an das erinnern konnten, was Sie gerade gelesen haben. Sie waren unkonzentriert – und mußten zumindest den letzten Absatz oder die letzte Seite noch einmal lesen. Und wie oft haben Sie schon mitten in einem Gespräch gemerkt, daß Sie gar nicht richtig zugehört haben? Sie mußten versuchen, das, was Sie verpaßt hatten, aus dem Rest des Gesprächs zu erschließen, oder Sie mußten Ihren Gesprächspartner bitten, seine Worte zu wiederholen.

Notizen sind hilfreich
Genau aus diesem Grund machen viele Leute sich grundsätzlich Notizen, wenn sie etwas lesen, wenn sie telefonieren oder an einer Besprechung teilnehmen. Es geht ihnen nicht nur darum, etwas Schriftliches vor sich liegen zu haben, sondern sie können sich dadurch auch besser auf das konzentrieren, was vor sich geht.

Konzentration ist der zweite wichtige Faktor, um ein Feedback zu erhalten. Bleiben Sie aufmerksam, wenn andere ihre Meinung äußern. Aus diesen Bemerkungen können Sie häufig Anregungen ziehen, wie Sie Ihre Kommunikationsfähigkeit verbessern.

5.3 Fragen stellen

Dies ist die direkteste Methode, um die gewünschten Informationen zu bekommen. Meist werden Sie oft nachhaken müssen. Auf die Frage „Wie fanden Sie meinen Bericht?“ dürfte nämlich zunächst meist eine vage Antwort wie „oh, der war prima“, „er war überzeu-

gend“ oder „er war gut verständlich“ kommen. Das sind zwar schöne Komplimente, aber Sie wollen natürlich genauer wissen, wieso er „prima“, „überzeugend“ oder „gut verständlich“ war. Sie möchten ja herausfinden, was Sie richtig gemacht haben und an welchen Punkten Sie noch arbeiten müssen.
Wenn Sie Ihre Kommunikationsfähigkeit verbessern wollen, dürfen Sie aber auf negatives Feedback nicht allzu empfindlich reagieren. Solange es präzise ist, können Sie es nutzen, um Ihre Schwächen auszumerzen.

Um herauszufinden, ob Ihre Botschaft so angekommen ist, wie sie gemeint war, brauchen Sie Feedback.
Nur so können Sie die positiven Aspekte beibehalten, an negativen arbeiten und damit Ihre Kommunikationsfähigkeit verbessern. Um Rückmeldung von Ihrem Publikum zu bekommen, müssen Sie genau zuhören, sich konzentrieren und Fragen stellen.

5.4 So verbessern Sie Ihre Kommunikationsfähigkeit

Erste und einfachste Regel hierzu: Nutzen Sie jede Gelegenheit, um zu kommunizieren. Kommunikation ist ein Prozeß, der sich in den unterschiedlichsten Formen über Ihr ganzes Leben erstrecken wird.

Lernen Sie aus dem, was Sie tun

Seien Sie nie vollständig mit dem zufrieden, was Sie gerade gemacht haben – das gilt auch für Ihre Kommunikation. Versuchen Sie, sich ständig weiterzuentwickeln, zu verbessern. Wenn Sie z. B. einen Bericht verfassen, lesen Sie das, was Sie geschrieben haben, mehrmals durch, und ändern Sie, wo erforderlich. Nehmen Sie doch einmal einen Bericht, den Sie vor Monaten geschrieben haben, wieder in die Hand, lesen Sie ihn, und fragen Sie sich, ob Sie ihn immer noch problemlos verstehen. Wahrscheinlich werden Sie einiges verbessern, klarer formulieren wollen.

Aus Reaktionen lernen

Bei mündlichen Botschaften ist eine entsprechende Analyse ebenso wichtig. Lassen Sie das Gespräch im Geist noch einmal ablaufen, und versuchen Sie, sich an die Reaktion Ihrer Zuhörer zu erinnern. An welcher Stelle wurden sie müde oder fingen sichtbar an, sich zu langweilen? Wo schienen sie Ihnen gedanklich zu folgen? Wann kamen die meisten Fragen? Worum ging es dabei? Hatten Sie die Zuhörer zu diesen Fragen angeregt, oder versuchten sie Klarheit über etwas zu bekommen, was Sie eigentlich schon gesagt hatten? Denken Sie darüber nach, versuchen Sie immer wieder, Ihre Fähigkeiten zu verbessern! Schreiben Sie Berichte um, nehmen Sie sich selbst auf Band oder Kassette auf, verbessern Sie Ihre Botschaften.

Lernen Sie aus dem, was andere tun

Sie sind bei Präsentationen anwesend, Sie lesen Berichte und Memos, die andere angefertigt haben, Sie gehen zu Besprechungen, sitzen vor dem Fernseher, planen Vorstellungsgespräche, bewerben sich selbst, nehmen an Pressekonferenzen teil ... Bei all diesen Anlässen können Sie die Kommunikationsfähigkeit anderer beobachten und kritisch beurteilen, was Sie sehen oder hören. Wenn Sie einen hervorragenden Sprecher hören, sollten Sie herauszufinden versuchen, wie es ihm gelungen ist, die Aufmerksamkeit der Zuhörer zu fesseln und seine Argumente zu vermitteln. Wenn Sie einen besonders gutgeschriebenen Bericht lesen, sollten Sie ihn analysieren und sich fragen, ob es am Thema, an der Struktur, der Wortwahl oder der graphischen Gestaltung lag, daß er so leicht zu lesen war.

Lernen Sie aus dem, was andere sagen
Nehmen Sie das Feedback anderer dankbar auf. Auch wenn Sie kritisiert werden – die Kritik kann Ihnen helfen, es das nächste Mal besser zu machen. Freuen Sie sich über solche Rückmeldungen, und nehmen Sie sie an, ob sie nun von Ihrem besten Freund stammen oder von einem Kollegen, einem Fremden oder Ihrem Chef. Scheuen Sie sich auch nicht, erfolgreiche Kommunikationsmethoden von anderen zu übernehmen, wobei Sie das Grundkonzept wahrscheinlich an Ihren eigenen Stil anpassen müssen.

Übung macht den Meister!
Nutzen Sie jede Gelegenheit, um Berichte zu schreiben, Vorträge zu halten, Besprechungen zu leiten und neue Leute kennenzulernen oder zu hören! Natürlich werden Sie nervös sein, wenn Sie vor einem größeren Publikum sprechen sollen, und eine leere Seite kann sehr bedrohlich wirken. Je mehr Sie aber sprechen und schreiben, desto mehr lernen Sie – vorausgesetzt, daß Sie bereit sind, Ihre eigene Leistung einer ehrlichen Analyse zu unterziehen.

Ergreifen Sie ganz bewußt jede Gelegenheit, Ihre Kommunikationsfähigkeit zu verbessern. Das ist ein Prozeß, der nie abgeschlossen sein wird – Sie können immer noch besser werden. Nehmen Sie vor allem folgende Gelegenheiten wahr:

- *Lernen Sie aus dem, was Sie tun.*
- *Lernen Sie aus dem, was andere tun.*
- *Wenden Sie das Gelernte an.*
- *Zuletzt gilt: üben, üben und nochmals üben!*

Register

Weitere Bücher des GABAL Verlags zum Thema Kommunikation:

Harald Scheerer: **Reden müßte man können**
Selbstbewußt auftreten, Persönlichkeit einsetzen, Zuhörer begeistern
136 Seiten, Hardcover
DM 24,80 / öS 181 / sFR 24,80
ISBN 3-923984-38-3

Manfred Lucas: **Die Kunst des Zuhörens**
Der Schlüssel für erfolgreiche Kommunikation
150 Seiten, Hardcover
DM 24,80 / öS 181 / sFR 24,80
ISBN 3-923984-98-7

Bertold Ulsamer:
Exzellente Kommunikation mit NLP
Als Führungskraft den Draht zum anderen finden – 152 Seiten, Hardcover
DM 29,80 / öS 218 / sFR 29,80
ISBN 3-923984-48-0

Zahlreiche weitere Bücher zu den Themen Rhetorik & Kommunikation, Management & Führung sowie Arbeitstechniken sind bereits erschienen. Fragen Sie in Ihrer Buchhandlung, oder fordern Sie einen kostenlosen Gesamtprospekt an:

GABAL Verlag,
Schumannstraße 161, 63069 Offenbach
Tel.: 069/84 0003-22; Fax: 069/84 0003-33

Schritt für Schritt: So verbessern Sie Ihre Kommunikationsfähigkeit!

Machen Sie sich mit Hilfe der folgenden Fragen Gedanken über Ihre Stärken und Schwächen beim Kommunizieren. Intensives Nachdenken bewirkt meist schon, daß man seine Botschaft präziser formuliert und die Empfänger gezielter anspricht.

In welchen Situationen treten bei Ihnen besonders häufig Kommunikationsprobleme auf?

....

....

Wie werden Sie sich zukünftig auf Kommunikationssituationen, die in der Vergangenheit schiefgegangen sind, vorbereiten?

....

....

Wie werden Sie künftig versuchen, Feedback auf Ihre Nachrichten zu bekommen?

....

....

Denken Sie nun an eine konkrete Kommunikationssituation – vielleicht an eine, bei der Sie nicht sicher sind, ob Sie Ihre Botschaft auf die richtige Weise vermitteln konnten. Gehen Sie die folgenden Punkte durch:

- Warum kommunizieren Sie? ....

  ....

- Was möchten Sie genau sagen? ....

  ....

- Was möchten Sie damit erreichen? ....

  ....

- Was erwarten die Empfänger? ....

  ....

- Wie sind die Empfänger? ....

  ....

- Wie wollen Sie Ihre Botschaft übermitteln? ....

  ....

- Wie strukturieren Sie Ihre Informationen? ....

  ....

In derselben Reihe sind bereits erschienen:

Neil Barrett:
30 Minuten für den Einstieg ins Internet

ISBN 3-930799-85-5

John Westwood:
30 Minuten für den erfolgssicheren Marketingplan

ISBN 3-930799-84-7

Jane Smith:
30 Minuten für die richtige Entscheidung

ISBN 3-930799-82-0

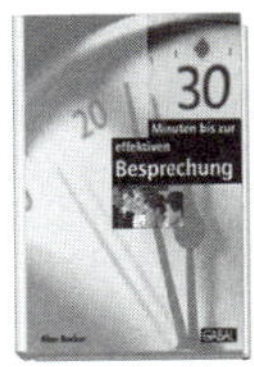

Alan Barker:
30 Minuten bis zur effektiven Besprechung

ISBN 3-930799-80-4

Patrick Forsyth:
30 Minuten bis zur überzeugenden Präsentation

ISBN 3-930799-81-2

Jeder Band:
DM 9,80 / öS 72 / sFR 9,80

Weitere Titel sind in Vorbereitung. Fragen Sie in Ihrer Buchhandlung, oder fordern Sie einen Verlagsprospekt an:

GABAL Verlag,
Schumannstraße 161, 63069 Offenbach
Tel.: 069/84 0003-22; Fax: 069/84 0003-33